-Zahl

Die größte Zahl, die ich schreiben kann:

Die größte Zahl, die ich vorlesen kann:

Diese Aufgaben kann ich schon ausrechnen:

$1 + 1 = \underline{}$

Finde weitere Zahlen. Schreibe oder klebe sie in dein Entdeckerheft.

Mengen vergleichen

- Wo sind **weniger**? Wie viele **weniger**?

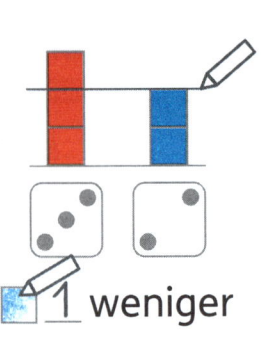 ☐ 1 weniger

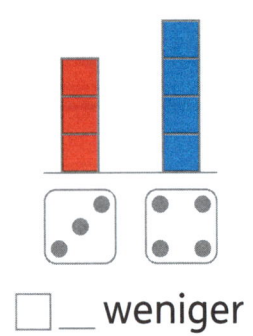 ☐ _ weniger

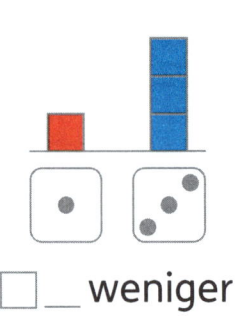 ☐ _ weniger

 ☐ _ weniger

- Wo sind **mehr**? Wie viele **mehr**?

 ☐ 1 mehr

 ☐ _ mehr

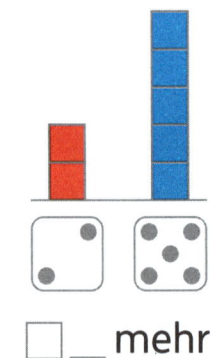 ☐ _ mehr

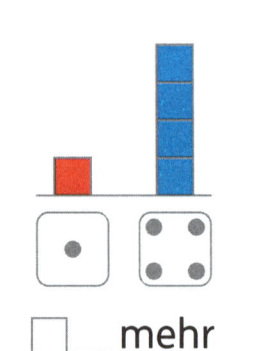 ☐ _ mehr

Themenheft A, S. 8–9

- Wie viele rot? Wie viele blau?

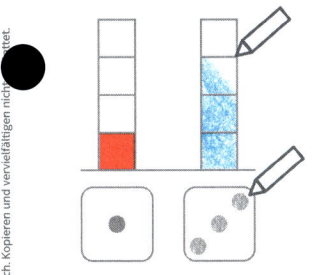

 2 mehr

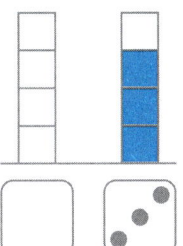

🟥 1 mehr

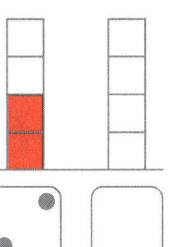

🟦 2 mehr

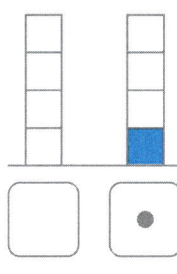

🟥 3 mehr

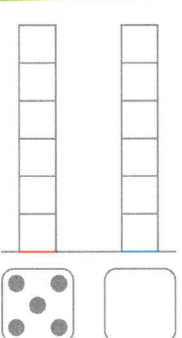

🟥 1 mehr

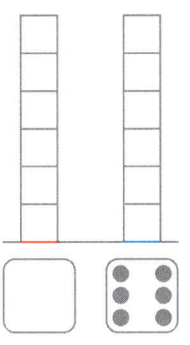

🟦 1 mehr

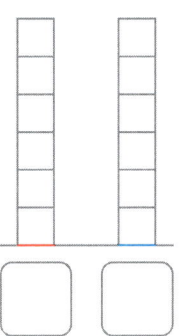

🟦 2 mehr

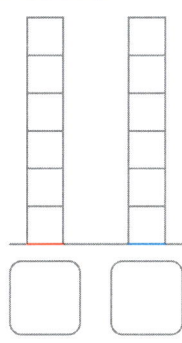

🟥 2 mehr

- Jede Zahl kommt nur einmal vor:

in einer Zeile, in einer Spalte und in einem 4er-Quadrat.

3	4	1	
1	2		
4			1
		4	

4		2	
	2		
1			
2	3	1	

	5		
	1	5	2
5			1
	6		

	4	5	
6			2
5			4
	6		

	5		
6			4
5			3
3		4	

		1	3
		6	5
		3	6

⇲ Themenheft A, S. 14 – 19

● Wie geht es weiter?

1 3 5 1 1 3 5 1 1 3

2 4 3 2 2 4 3 2 2 4

6 1 6 4 5 6 1 6 4 5

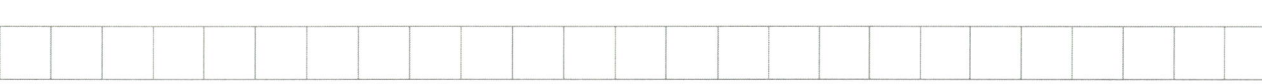

1 1 1 6 2 2 2 6 3 3

6 1 2 3 5 1 2 3 4 1

Jede Zahl kommt nur einmal vor:

in einer Zeile, in einer Spalte und in einem 4er-Quadrat.

Gitter 1

5		6	
6	7		
8			6
		8	

Gitter 2

9		0	
	0		
7			
0	8	7	

Gitter 3

	5		
	7	5	8
5			7
	9		

Gitter 4

2		6	
			7
7		1	
			6

Gitter 5

9		7	
			8
	3		
			7

Gitter 6

0			
			9
4			
			8

Zahlen darstellen

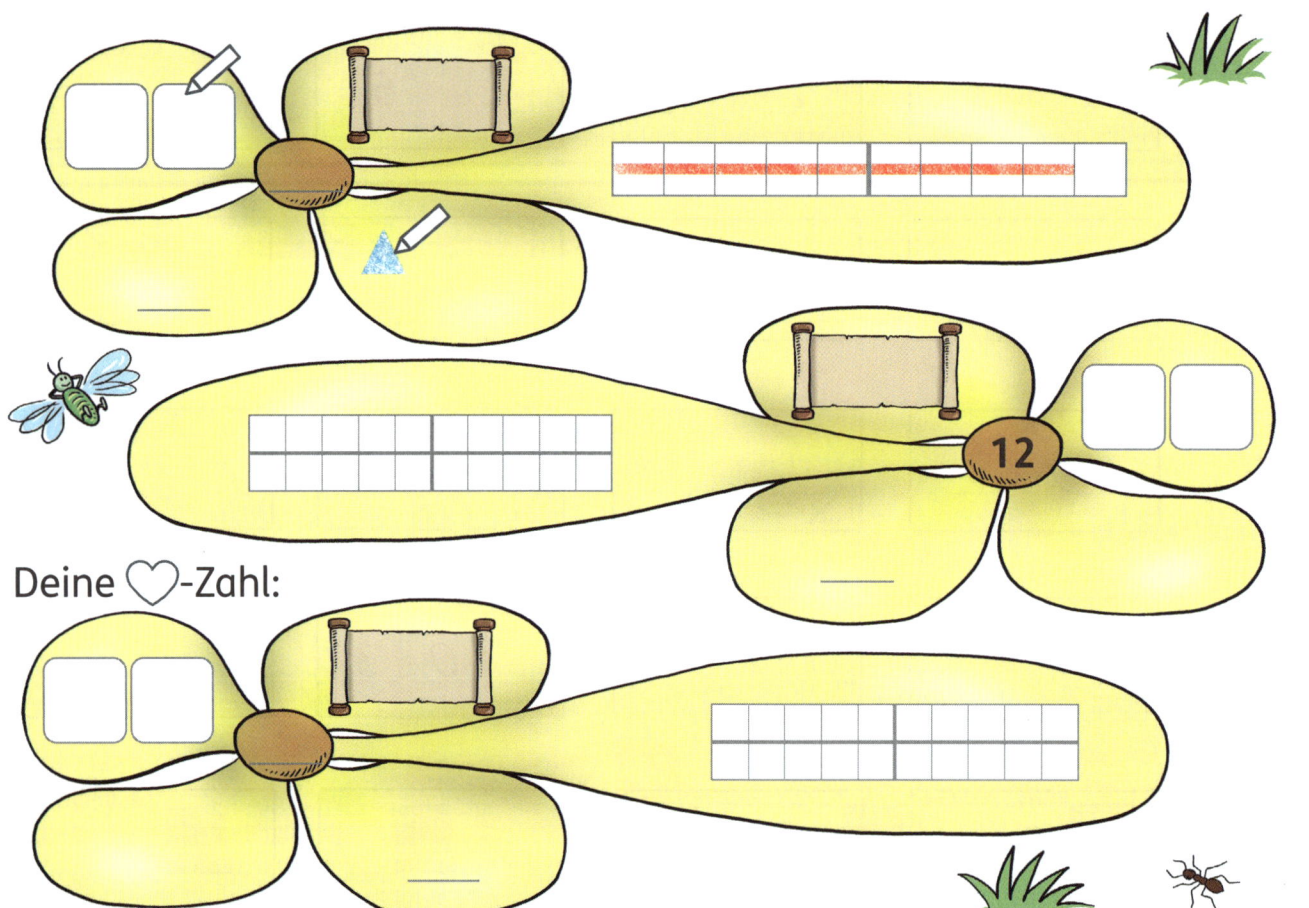

Deine ♡-Zahl:

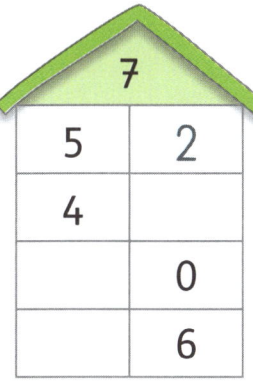

7	
5	2
4	
	0
	6

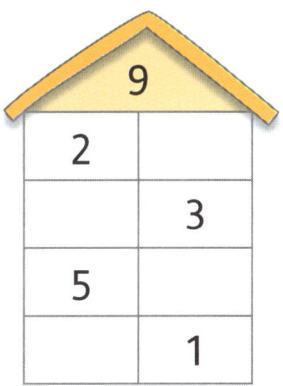

9	
2	
	3
5	
	1

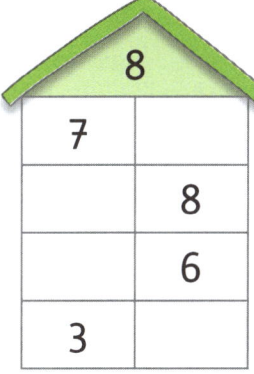

8	
7	
	8
	6
3	

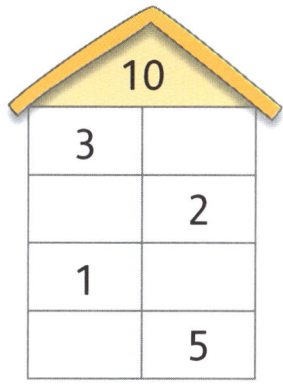

10	
3	
	2
1	
	5

12	
	10
6	
	11
5	

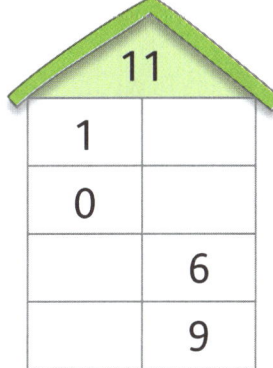

11	
1	
0	
	6
	9

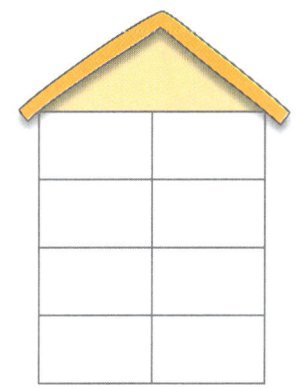

Zahlen zerlegen

Immer 10. Richtig ✓ oder falsch **f**?

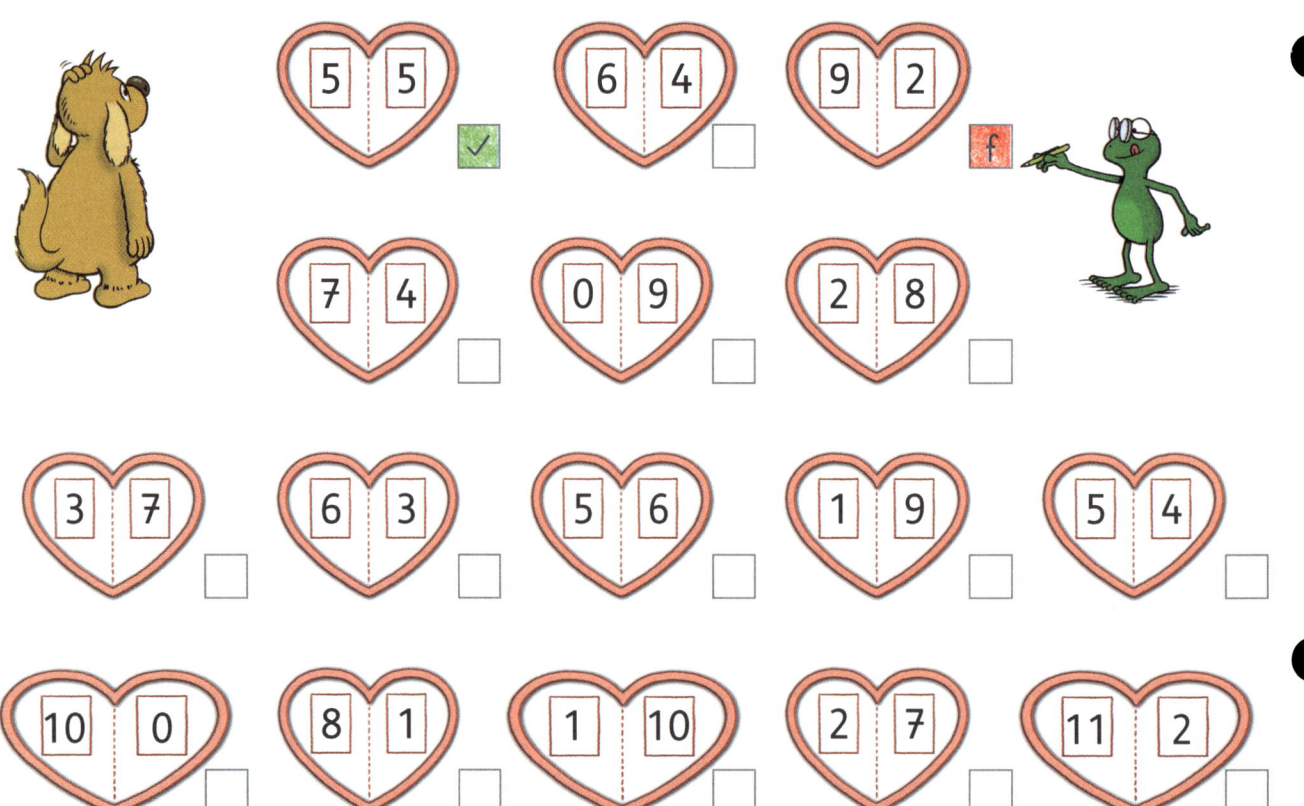

⇲ Themenheft A, S. 47

Finde verschiedene Möglichkeiten.

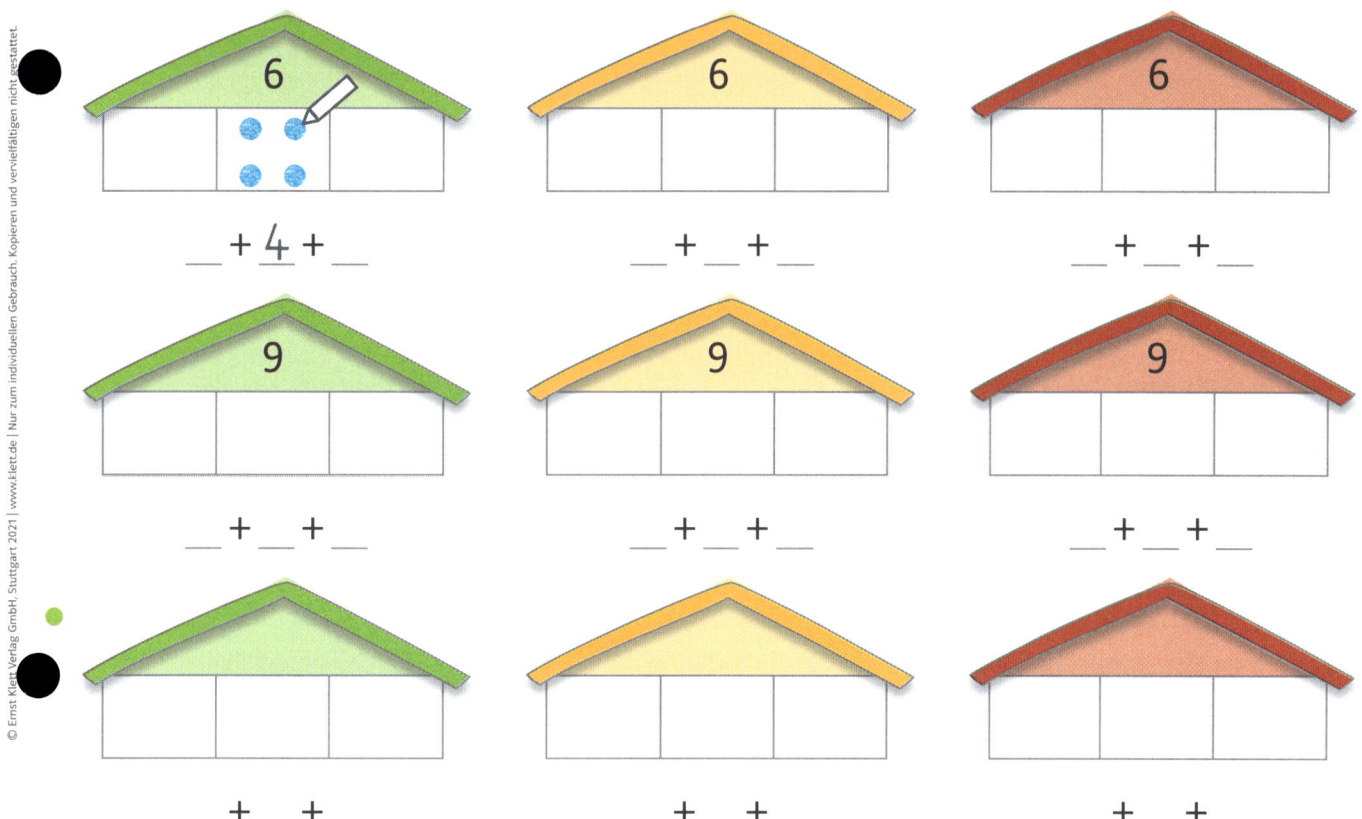

__ + 4 + __   __ + __ + __   __ + __ + __

__ + __ + __   __ + __ + __   __ + __ + __

__ + __ + __   __ + __ + __   __ + __ + __

Zahlenstrahl

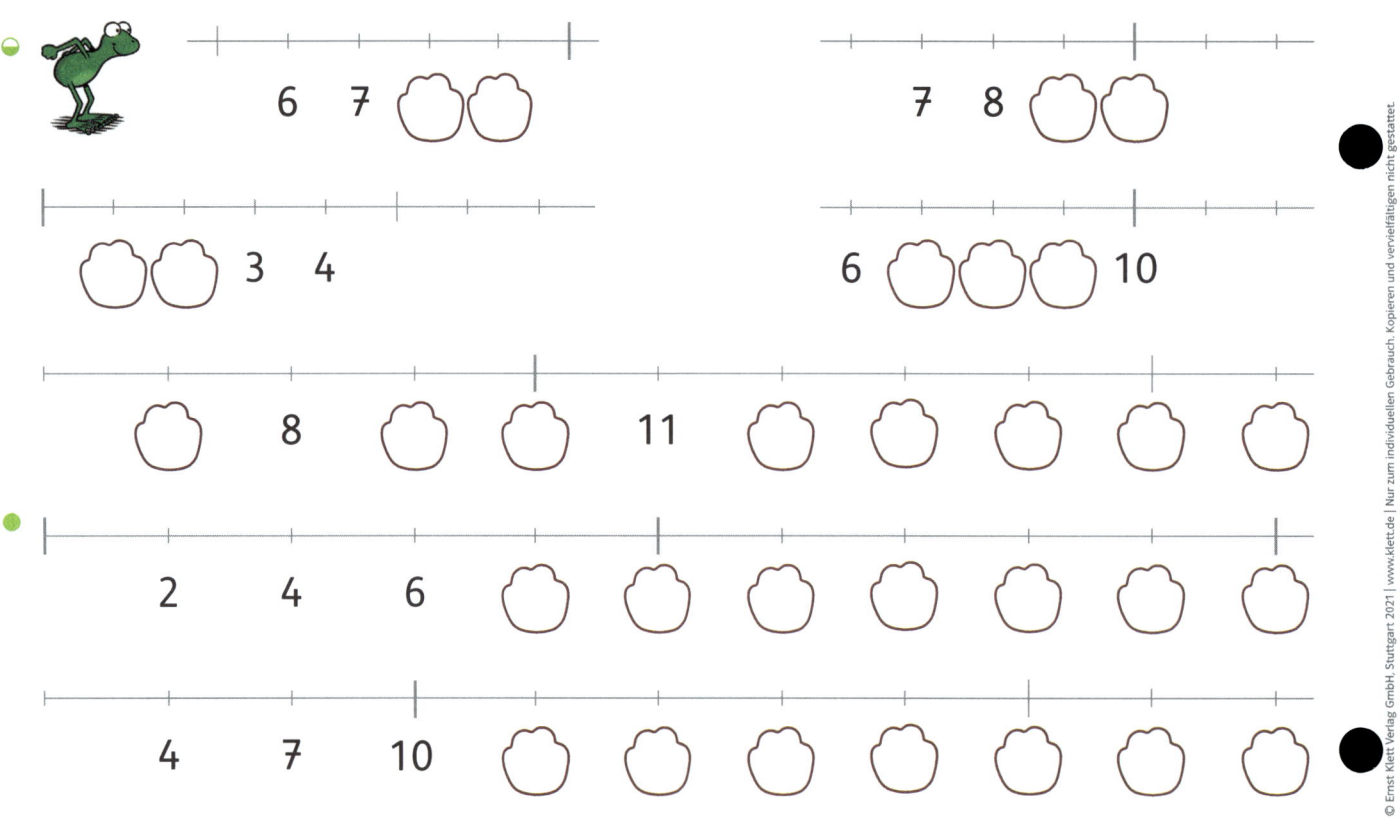

🔍 Starte eine eigene Kette. Wie weit kommst du?

🔁 Themenheft A, S. 50–51

Mengen vergleichen

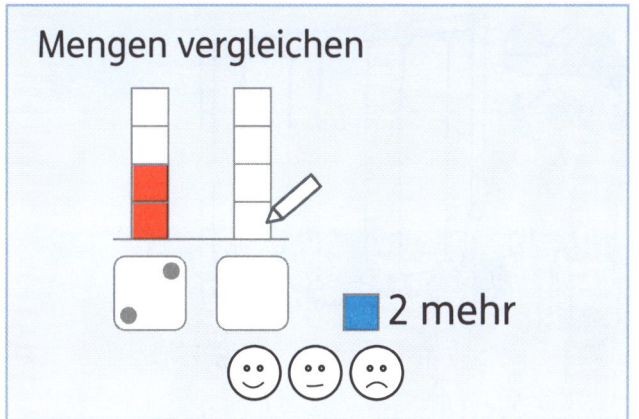

2 mehr

Ziffern und Mengen bis 10

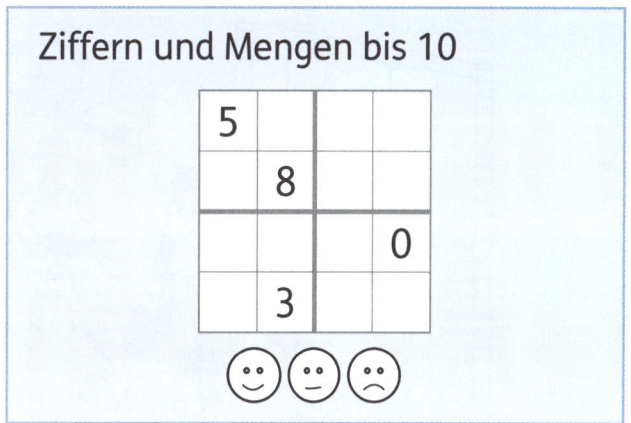

Zahlen darstellen

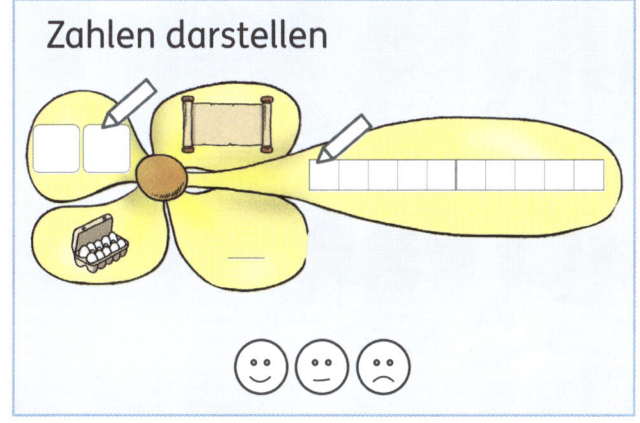

Zahlen zerlegen

__ + __ + __

Super, _____ !

● Finde Aufgaben im Bild.

_____ + _____ = _____

_____   _____   _____

_____   _____   _____

_____   _____   _____

_____   _____   _____

_____   _____   _____

Male eine eigene Plus-Geschichte. Erzähle deine Plus-Geschichte.

1 + 4 + $\underline{5}$ = ___

1 + 5 + __ = ___

4 + 1 + __ = ___

4 + 5 + __ = ___

5 + 1 + __ = ___

5 + 4 + __ = ___

__ + __ + __ = ___

__ + __ + __ = ___

__ + __ + __ = ___

__ + __ + __ = ___

__ + __ + __ = ___

__ + __ + __ = ___

Würfle selbst mit 3 Würfeln.

__ + __ + __ = ___

__ + __ + __ = ___

__ + __ + __ = ___

__ + __ + __ = ___

__ + __ + __ = ___

__ + __ + __ = ___

Plusaufgaben

Rechne so schnell du kannst. Schaffst du ein Päckchen in 20 Sekunden?

2 + 5 = ____

5 + 4 = ____

9 + 2 = ____

3 + 7 = ____

6 + 0 = ____

____ Sekunden

3 + 3 = ____

4 + 4 = ____

6 + 6 = ____

7 + 0 = ____

2 + 3 = ____

____ Sekunden

4 + __ = 10

2 + __ = 10

5 + __ = 10

6 + __ = 10

1 + __ = 10

____ Sekunden

2 + 1 + 5 = ____

3 + 3 + 4 = ____

4 + 1 + 4 = ____

3 + 5 + 2 = ____

____ Sekunden

5 + 2 + __ = 10

2 + 2 + __ = 10

3 + 2 + __ = 10

4 + 1 + __ = 10

____ Sekunden

Plusaufgaben üben

4 + 6 = _____
3 + 5 = _____
2 + 4 = _____
1 + 3 = _____
__ + __ = _____

9 + 0 = _____
8 + 1 = _____
7 + 2 = _____
6 + __ = _____
__ + __ = _____

2 + 8 = _____
3 + 7 = _____
4 + 6 = _____
__ + 5 = _____
__ + __ = _____

9 + 1 = _____
7 + 1 = _____
5 + 1 = _____
3 + __ = _____
__ + __ = _____

5 + 5 = _____
4 + __ = 10
__ + 7 = _____
__ + 8 = _____
__ + __ = _____

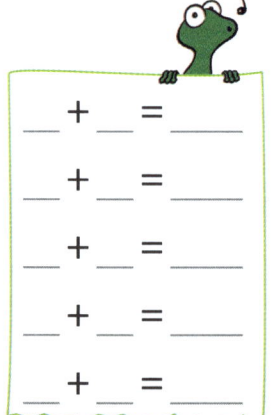

__ + __ = _____
__ + __ = _____
__ + __ = _____
__ + __ = _____
__ + __ = _____

↪ Themenheft A, S. 65

5 + 4 = ___
4 + 3 = ___
3 + 2 = ___
2 + 1 = ___
___ + ___ = ___

8 + 2 = ___
6 + 2 = ___
4 + 2 = ___
2 + ___ = ___
___ + ___ = ___

0 + 10 = ___
1 + 9 = ___
2 + 8 = ___
___ + 7 = ___
___ + ___ = ___

Markiere und ergänze.

1. Zahl	: ___ – 1
2. Zahl	: ___
Ergebnis	: ___

1. Zahl	: ___
2. Zahl	: gleich
Ergebnis	: ___

1. Zahl	: ___
2. Zahl	: ___
Ergebnis	: ___

● Löse die Zahlengitter.

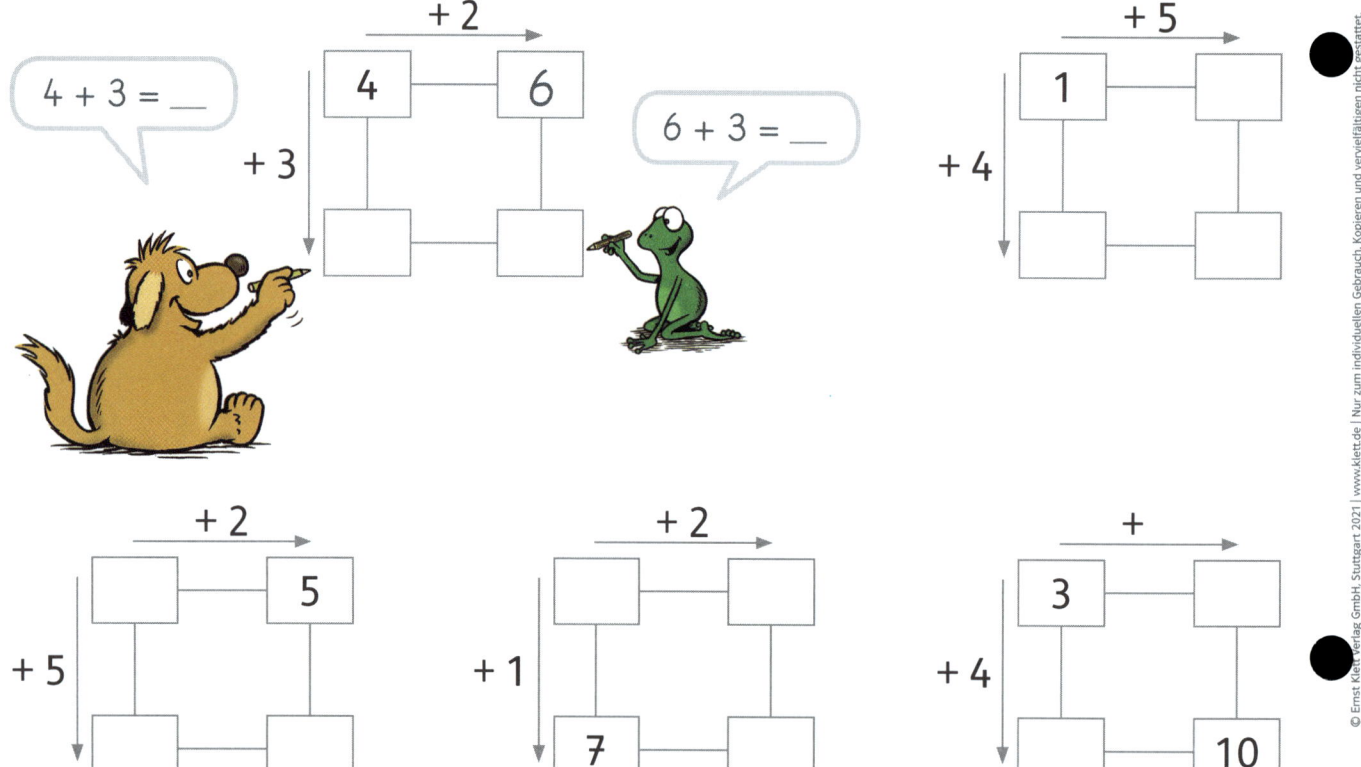

 Themenheft A, S. 67

- Was fällt dir auf?

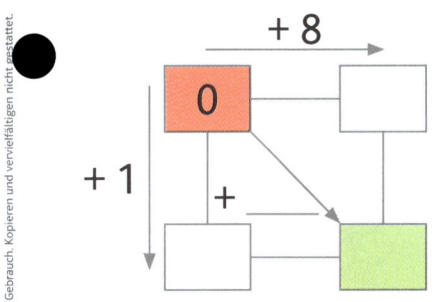

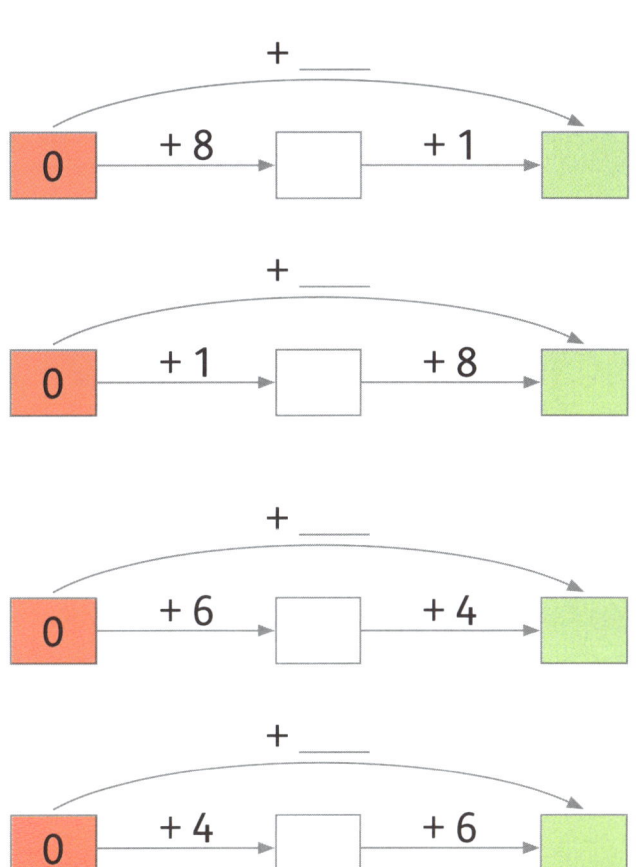

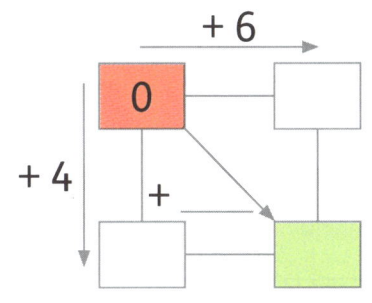

Obst-Tüte

nur 4 €

- Finde Aufgaben im Bild.

_____ – _____ = _____

Male eine eigene Minus-Geschichte. Erzähle deine Minus-Geschichte.

$6 - 3 - \underline{} = \underline{}$

$6 - 2 - \underline{} = \underline{}$

$5 - \underline{} - \underline{} = \underline{}$

$5 - \underline{} - \underline{} = \underline{}$

$\underline{} - \underline{} - \underline{} = \underline{}$

$\underline{} - \underline{} - \underline{} = \underline{}$

$\underline{} - \underline{} - \underline{} = \underline{}$

$\underline{} - \underline{} - \underline{} = \underline{}$

Finde den Fehler. Schreibe richtig.

$2 - 1 - 4$

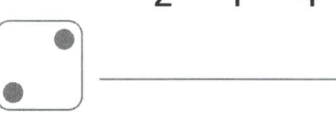

$3 - 6 - 1$

Themenheft A, S. 70–71

Minusaufgaben

Rechne so schnell du kannst. Schaffst du ein Päckchen in 20 Sekunden?

8 – 3 = ____

7 – 4 = ____

9 – 7 = ____

5 – 2 = ____

6 – 0 = ____

____ Sekunden

4 – 3 = ____

8 – 1 = ____

8 – 6 = ____

9 – 3 = ____

7 – 7 = ____

____ Sekunden

10 – 4 = ____

10 – 7 = ____

10 – 8 = ____

10 – 5 = ____

10 – 0 = ____

____ Sekunden

10 – 2 – 6 = ____

9 – 3 – 3 = ____

8 – 1 – 2 = ____

12 – 2 – 5 = ____

____ Sekunden

10 – 4 – 2 = __

10 – 5 – 1 = __

10 – 3 – 6 = __

10 – 0 – 2 = __

____ Sekunden

© Ernst ...ag GmbH, Stuttgart 2021 | www.klett.de | Nur zum individuellen Gebrauch. Kopieren und vervielfältigen ni... ...attet.

○

6 – 6 = __	10 – 1 = __	9 – 1 = __
5 – 5 = __	8 – 1 = __	8 – 2 = __
4 – 4 = __	6 – 1 = __	7 – 3 = __
3 – 3 = __	4 – __ = __	__ – 4 = __
__ – __ = __	__ – __ = __	__ – __ = __

● **Markiere und ergänze.**

1. Zahl : __ – 1	1. Zahl : _____	1. Zahl : _____
2. Zahl : _____	2. Zahl : gleich	2. Zahl : _____
Ergebnis : _____	Ergebnis : _____	Ergebnis : _____

Löse die Zahlengitter.

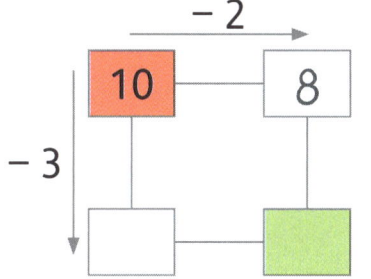
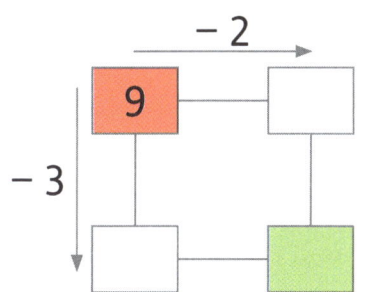
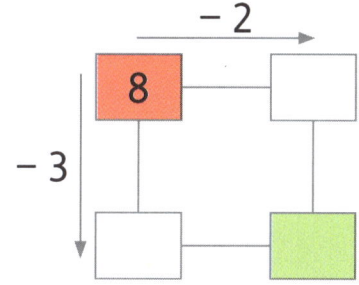

Meine Beobachtung: **Startzahl** : − 1   **Zielzahl** : ____

Ist das immer so? Prüfe.

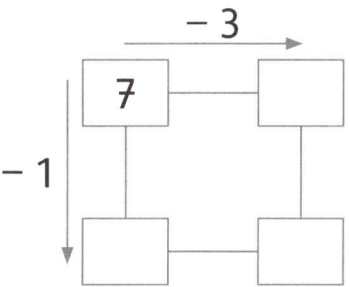
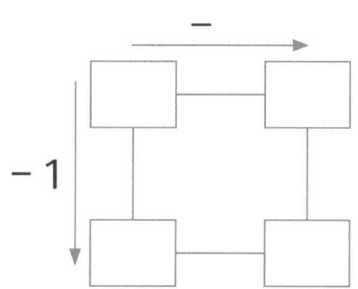

○ Bilde aus 3 Zahlen eine Aufgabe und die Umkehraufgabe.

| 2 | ~~6~~ | ~~3~~ | ~~3~~ | 6 | 8 |

$6 - 3 = \underline{3}$　　　　　　___ $-$ __ $=$ __

$\underline{3} + \underline{3} =$ __　　　　　__ $+$ __ $=$ __

| 10 | 1 | 6 | 9 | 5 | 0 | 2 | 6 | 3 |

$10 - 1 =$ ___　　___ $-$ ___ $=$ ___　　___ $-$ ___ $=$ ___

___ $+$ ___ $=$ ___　　___ $+$ ___ $=$ ___　　___ $+$ ___ $=$ ___

| 7 | 2 | 10 | 1 | 5 | 6 | 4 | 3 | 4 |

$4 -$ ___ $=$ ___　　___ $-$ ___ $=$ ___　　___ $-$ ___ $=$ ___

___ $+$ ___ $=$ ___　　___ $+$ ___ $=$ ___　　___ $+$ ___ $=$ ___

○ **Setze fort.**

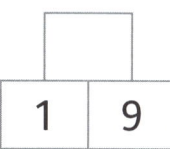 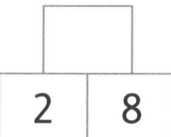 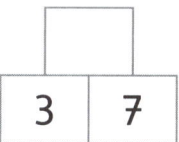 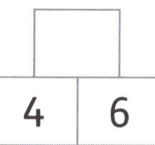 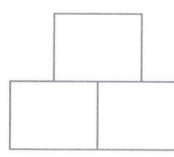

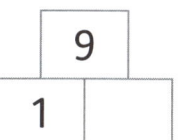 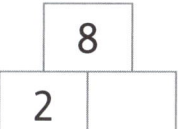 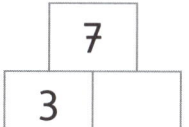 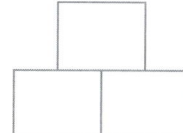

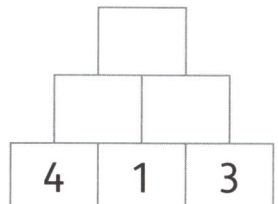 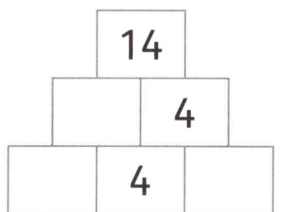 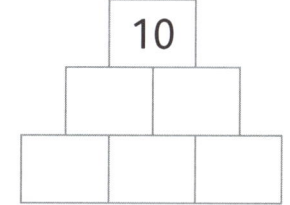 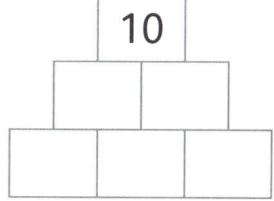

Wer sammelt die meisten Punkte?

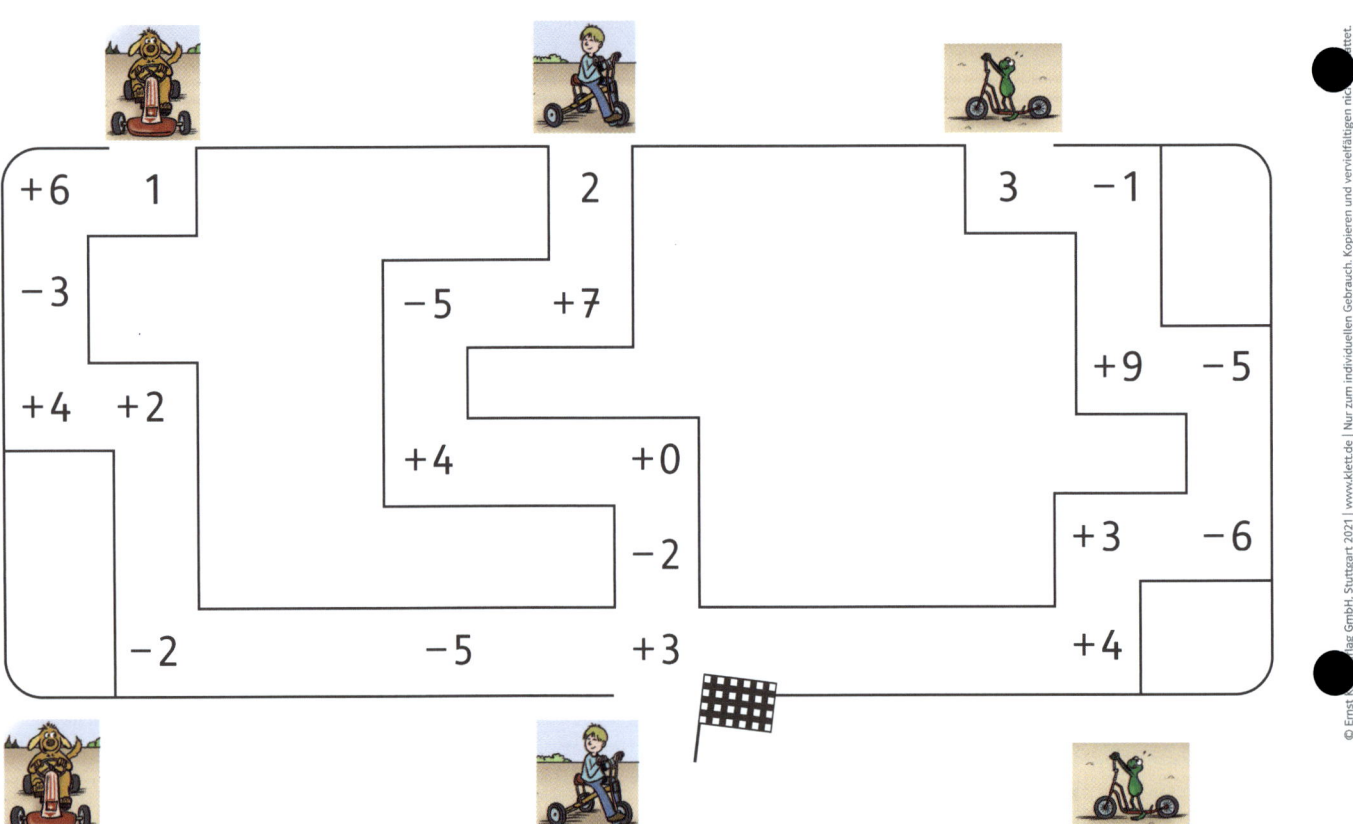

Themenheft A, S. 88

Plus- und Minusaufgaben üben

● Verändere **eine** Zahl, so dass die Aufgabe stimmt.

$\cancel{3} + 4 + 2 = 10$

$\underline{4 + 4 + 2 = 10}$

$5 - 3 + 6 = 10$

_____

$2 + 4 - 3 - 2 = 0$

_____

$2 + 5 - 4 = 2$

_____

$4 + \cancel{7} - 5 = 2$

_____

$9 - 6 + 4 - 3 = 6$

_____

$6 + 2 - 1 = 9$

_____

$8 - 2 - 1 = 4$

_____

$10 + 0 - 4 - 5 = 3$

_____

● Finde verschiedene Möglichkeiten.

$1 + 9 + 3 - 3 - 6 + 2 - 4 = 5$

_____

_____

$2 + 4 - 3 + \cancel{7} + 2 - 6 - 4 = 3$

_____

_____

Plusaufgaben

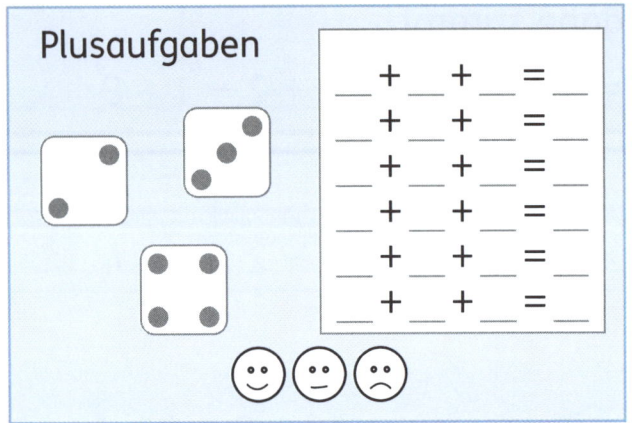

__ + __ + __ = __
__ + __ + __ = __
__ + __ + __ = __
__ + __ + __ = __
__ + __ + __ = __
__ + __ + __ = __

Minusaufgaben

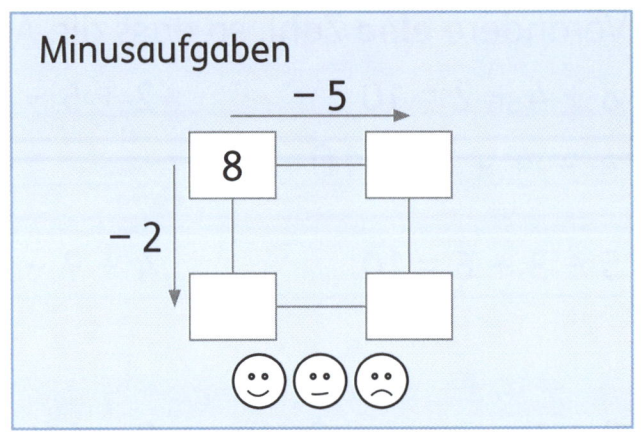

Muster erkennen

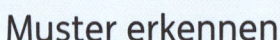

4 + 5 =
3 + 6 = __
2 + 7 = __

1. Zahl	: _____
2. Zahl	: _____
Ergebnis	: _____

Aufgaben erfinden

12

Toll, _____!

- Lege die Formen passend auf das Spielfeld.

Spiel 1
- oben links
- △ unten rechts
- ▲ oben rechts

Spiel 2
- ○ unten links
- oben rechts
- ● oben links

Spiel 3
- ◿ oben links
- oben rechts
- unten links
- ▲ unten rechts

Spiel 4
- ● oben links
- ∅ unten rechts
- oben rechts
- unten links

🔍 Finde eigene Spiele.

Schneide das Spielfeld und die Formen aus.

- Links (l), rechts (r) oder geradeaus (g)? Finde verschiedene Wege.

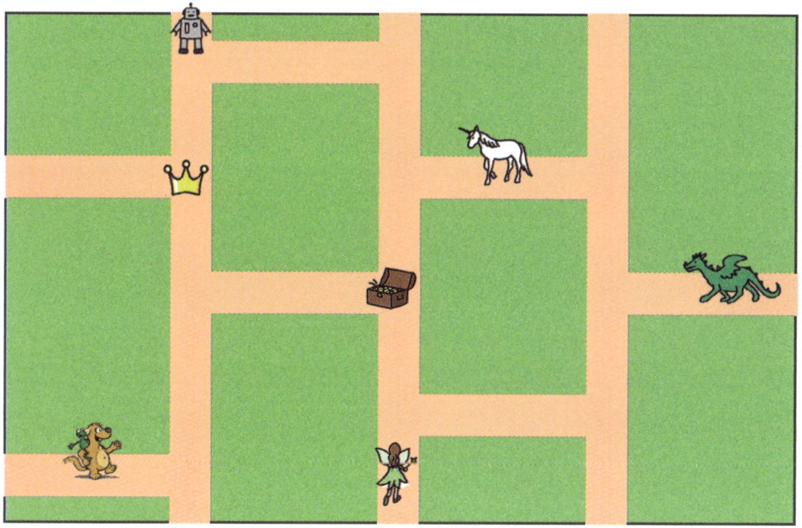

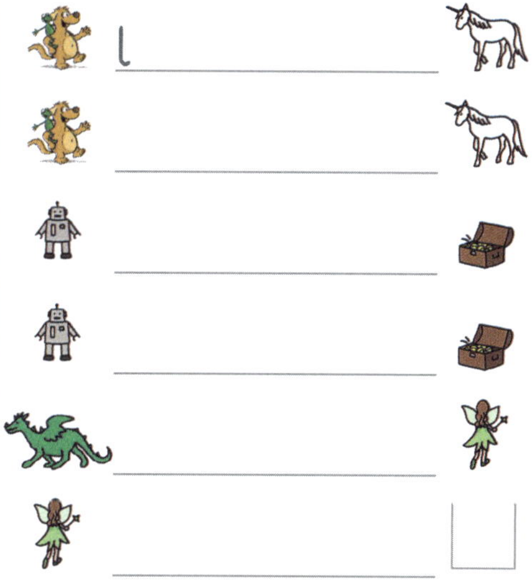

l _____

_____

_____

_____

_____

_____

- Wer landet wo? Verbinde.

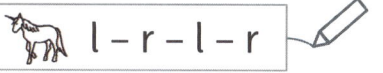

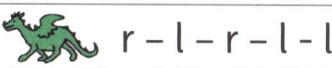

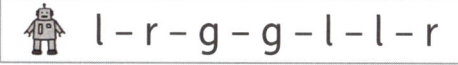

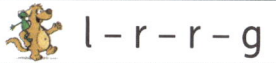

● Baue mit 8 Würfeln. Zeichne verschiedene Baupläne.

● Wie viele Würfel fehlen, um den großen Würfel zu füllen?

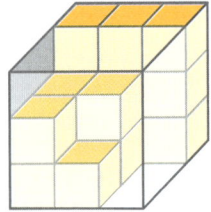

_____ Würfel fehlen.

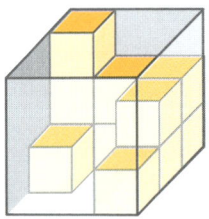

_____ Würfel fehlen.

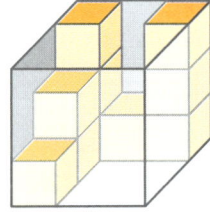

_____ Würfel fehlen.

Körper und Flächen

● Aus welchen Flächen bestehen die Körper? Kreuze an.

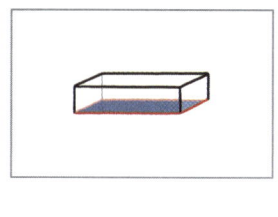 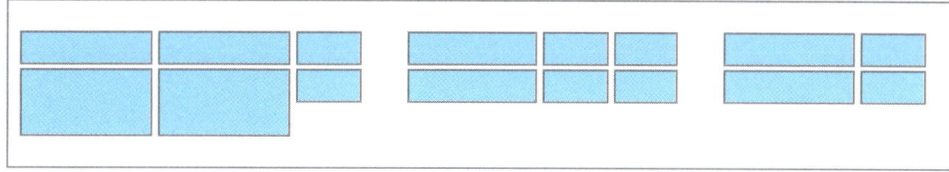

☐ ☐ ☐

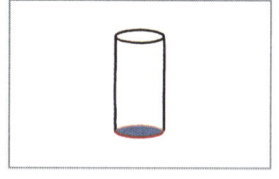 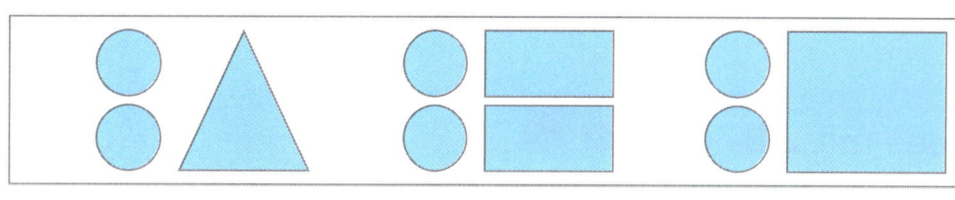

☐ ☐ ☐

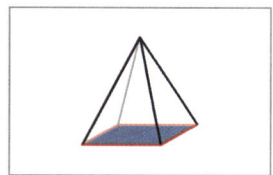 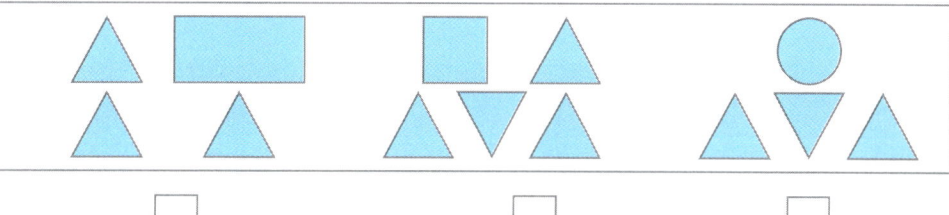

☐ ☐ ☐

● Welche Möglichkeiten findest du? Zeichne sie auf.

Lege mit  .

Lege mit ▲ und ■■ .

🔍 Lege eigene Figuren mit ▲ und ■ . Klebe sie in dein Entdeckerheft.

Lege aus. Finde verschiedene Möglichkeiten.

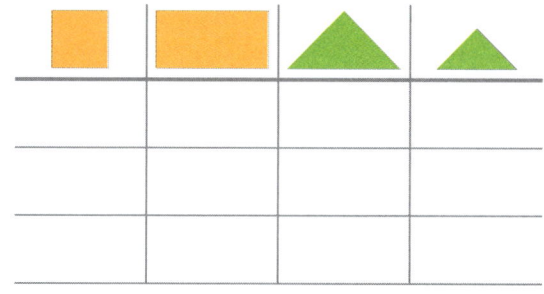

Wie bist du vorgegangen? Schreibe oder male. ✎

Lege und prüfe. Kann das stimmen?

	ja	nein
Aus ▲ ◻ kann man ⬆ machen.	X	
Aus ◻ ▲ kann man ⩗ machen.		
Aus ▲ ▲ kann man ◻ machen.		
Aus ◻ ◻ kann man ▭ machen.		
Aus ▲ ◻ ◻ kann man ⬡ machen.		
Aus ◻ ▲ ▲ kann man ◿ machen.		
Aus ✏ kann man machen.	X	
Aus kann man machen.		X

Themenheft Geometrie, S. 19

D01 oder i4984z

Finde 3 Fehler in jeder Aufgabe. Kreise die Fehler ein. ✏

- Zeichne weiter.

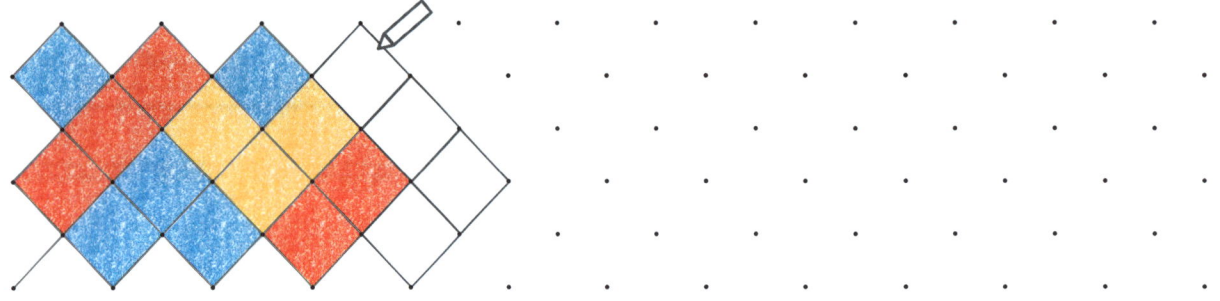

- Zeichne eigene Muster.

Zeichne eigene Muster mit 3 Farben.

● Verbinde Bild und Spiegelbild. Ein Bild bleibt übrig.

Spiegeln

- Zeichne Formen, die **keine** Spiegelachse haben.

Lob-Stopp!

Lagebeziehungen

- ○ **o**ben **r**echts
- 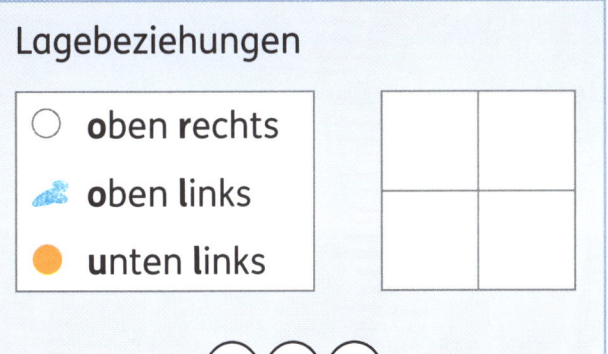 **o**ben **l**inks
- ● **u**nten **l**inks

Körper und Flächen

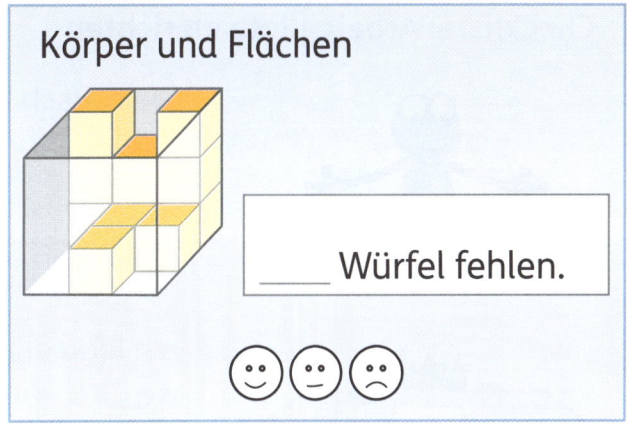

_____ Würfel fehlen.

Figuren und Muster

Finde 2 Fehler. Kreise die Fehler ein. ✏

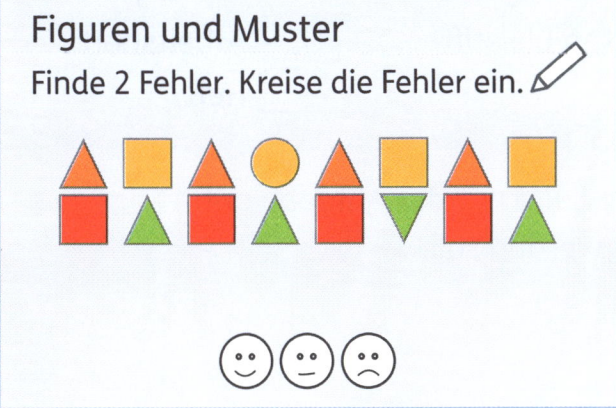

Spiegeln

Prüfe. Passt das Spiegelbild?

☐ ja   ☐ nein

Spitze, _____ !

Checkliste: Arbeitsplatz einrichten

1. Mein Tisch ist leer.

2. Ich lege alles auf den Tisch,
   was ich zum Arbeiten brauche:

   ☐ Wochenplan/Tagesplan   ☐ Radiergummi

   ☐ angespitzten Bleistift   ☐ Arbeitsheft

   ☐ Füller   ☐ Heft

Seite 7.

3. Ich schlage die Seite mit der Aufgabe auf,
   die bearbeitet werden soll.

Checkliste: Hefteintrag anlegen

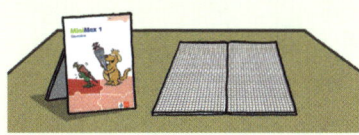

1. Ich schlage mein Heft auf.
   Ich blättere zu der Seite,
   auf der ich zuletzt aufgehört habe.

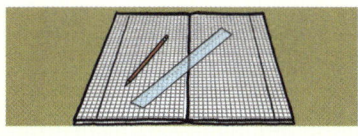

2. Ich ziehe in meinem Heft einen Rand.

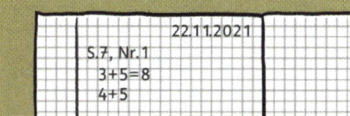

3. Ich schreibe in meinem Heft das Datum:
   _____ . _____ .20_____

4. Ich schreibe in meinem Heft:

   ☐ die Seite   S. _____

   ☐ die Nummer der Aufgabe   Nr. _____

5. Ich schreibe die Aufgabe in mein Heft.
   Ich löse die Aufgabe.
   Ich lasse Platz zur nächsten Aufgabe.

Checkliste: Auswendig lernen

Lerne Aufgaben erst auswendig, wenn du sie verstanden hast!

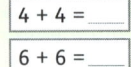   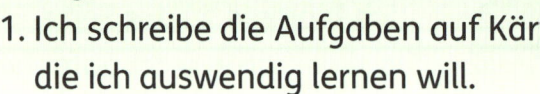

1. Ich schreibe die Aufgaben auf Kärtchen,
   die ich auswendig lernen will.

2. Ich schaue mir die Aufgaben gut an.

 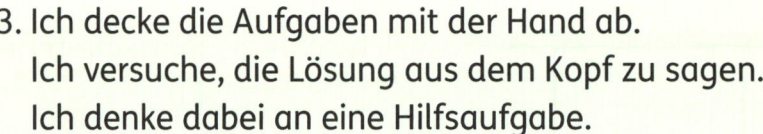

3. Ich decke die Aufgaben mit der Hand ab.
   Ich versuche, die Lösung aus dem Kopf zu sagen.
   Ich denke dabei an eine Hilfsaufgabe.

4. Ich kontrolliere die Aufgaben.
   Richtige Ergebnisse lege ich auf einen Stapel,
   falsche Ergebnisse auf einen anderen Stapel.

5. Falsch gelöste Aufgaben schaue ich mir
   nochmal an.

6. Ich bitte jemanden, mich die Aufgaben mindestens
   3-mal abzufragen.

● Verbinde die Punkte. Achte auf die Farben.

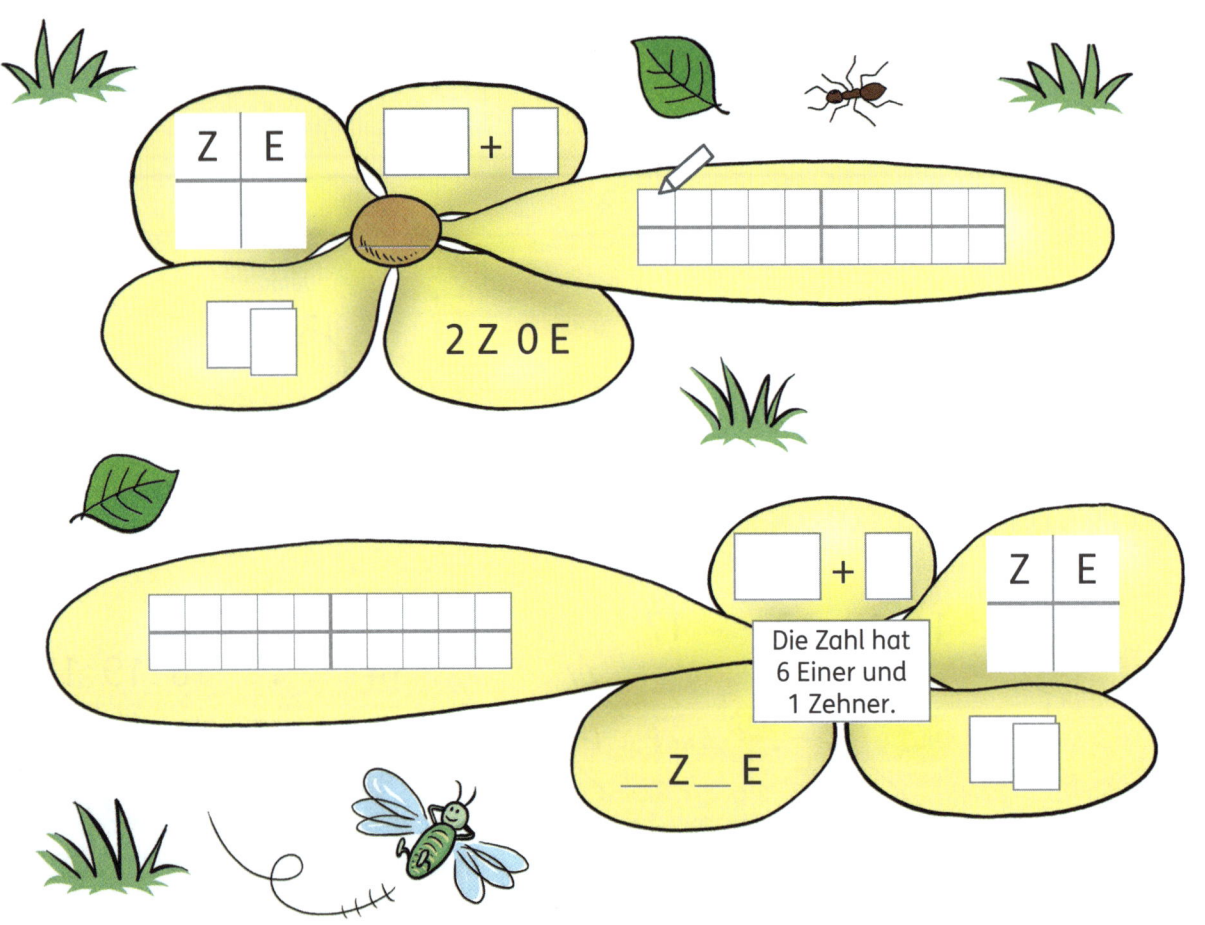

	11			19	16	18	13	
19	13		12				14	
18	12	14	17		13	11		16
		15	19					
16				18	15	14	12	19
12		18			14		16	11
17		12		13	11	19	18	
	15		18					13
13		11		14	19	12		17

	11	15	16		17		13	14
	12	17					15	
16	18			14	17	11		
15			11		14			
	13		17					18
		14		18	19	12		
13		19	17		16	11		15
	16	18	19	11	13			
	17		13		15			

<, > oder =?

2 + 8 = 10   10 − 4 ◯ 5   9 − 1 ◯ 9

7 + 2 ◯ 10   10 − 1 ◯ 8   9 + 1 ◯ 11

5 + 5 ◯ 9   9 − 6 ◯ 3   11 ◯ 10 − 1

0 + 7 ◯ 7   8 − 4 ◯ 2   9 ◯ 4 + 5

4 + 6 ◯ 4 + 4   10 − 2 ◯ 9 − 3   1 + 1 ◯ 8 − 5

3 + 6 ◯ 5 + 5   10 − 5 ◯ 5 − 0   10 − 9 ◯ 2 + 1

6 + 5 ◯ 7 + 4   5 − 2 ◯ 6 − 1   9 − 7 ◯ 2 + 0

2 + 3 ◯ 2 + 2   7 − 3 ◯ 4 − 2   3 + 1 ◯ 9 − 5

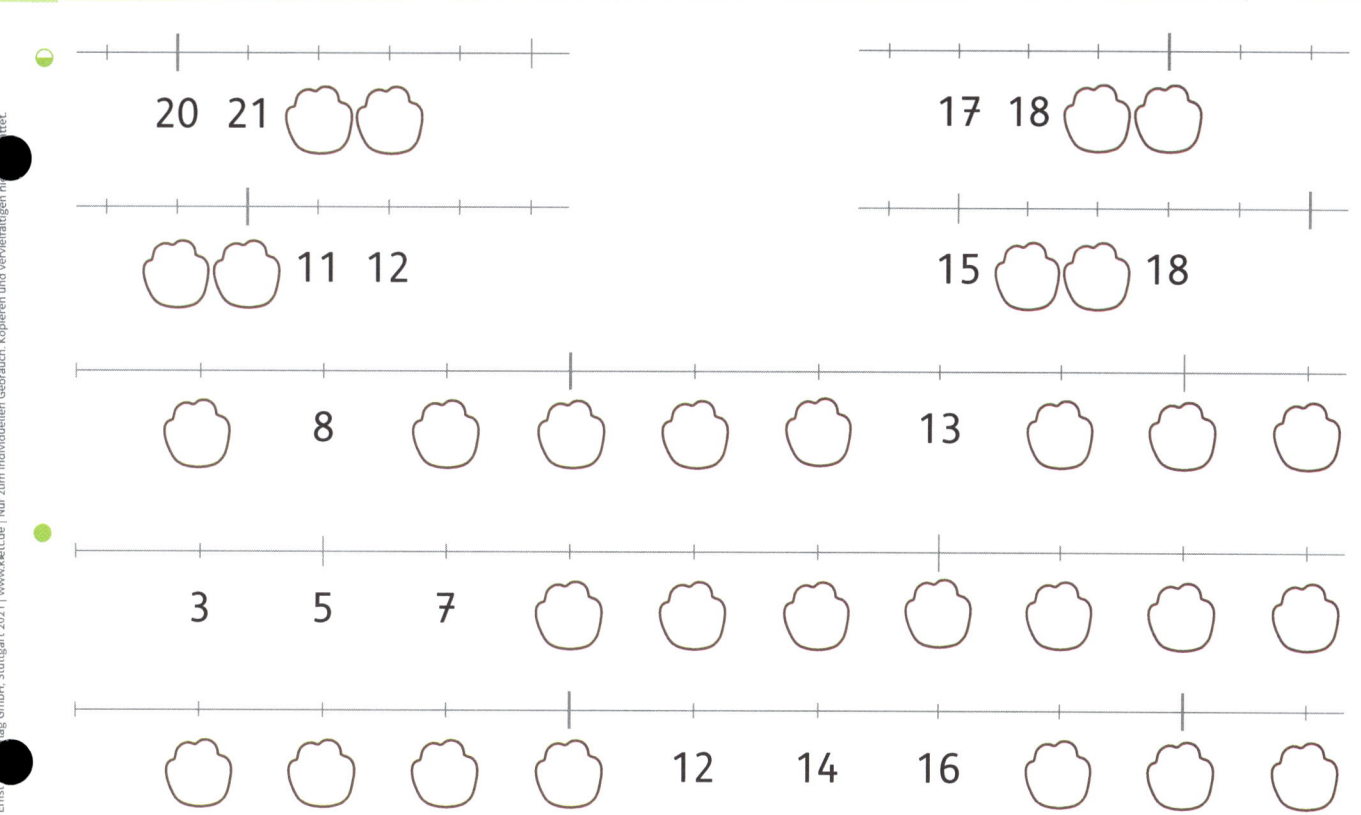

🔍 Starte eine eigene Kette. Wie weit kommst du?

● Lies. Male alle Teile aus. Du brauchst 🖍🖍🖍 und 🖍.

Das 1. ☐ ist 🖍.

Das △ vom 2. Haus ist 🖍.

Ein △ ist 🖍.

Das 1. ☐ oder das 4. ☐ ist 🖍.

Ein ☐ und sein △ haben immer die gleiche Farbe.

Das 👕 vom 1. Kind ist 🖍.

Die 🩳 vom 3. Kind ist 🖍.

Ein 👕 ist 🖍.

Eine 🩳 ist 🖍.

Die 🩳 vom 2. Kind ist 🖍.

Das 👕 vom 3. Kind hat die gleiche Farbe wie die 🩳 vom 1. Kind.

• Male alle passenden Zahlen an.

15 > 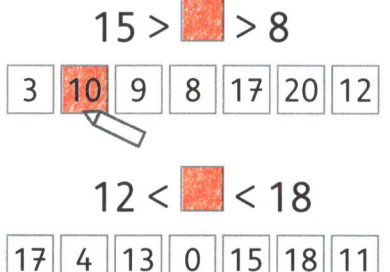 > 8

| 3 | 10 | 9 | 8 | 17 | 20 | 12 |

12 < ▨ < 18

| 17 | 4 | 13 | 0 | 15 | 18 | 11 |

20 > 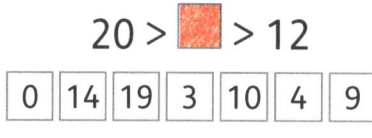 > 12

| 0 | 14 | 19 | 3 | 10 | 4 | 9 |

4 < ▨ < 19

| 0 | 4 | 17 | 2 | 13 | 20 | 15 |

• Wie heißt die Aufgabe?

__3__ < ▨ < ____

| 8 | 4 | 3 | 0 | 6 | 7 | 9 |

____ < ▨ < ____

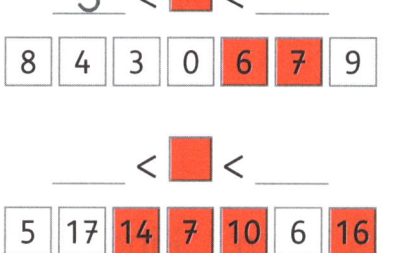

| 5 | 17 | 14 | 7 | 10 | 6 | 16 |

____ < 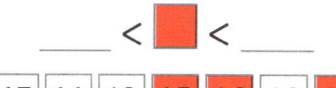 < ____

| 17 | 11 | 13 | 15 | 16 | 18 | 14 |

____ < ▨ < ____

| 20 | 4 | 19 | 6 | 16 | 5 | 18 |

4	2	3
+ 3	+ 6	+ 4
+ 6	+ 1	+ 5
+ 5	+ 7	+ 6
☐	☐	☐

2 Wege führen zum selben Ergebnis.
Welche?

__ + __ + __ + __ = ____

__ + __ + __ + __ = ____

Warum? Beschreibe.

_____

_____

_____

_____

_____

● Löse die Zahlengitter.

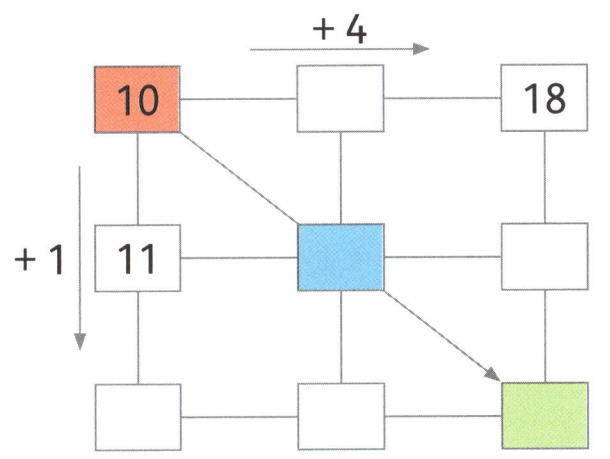

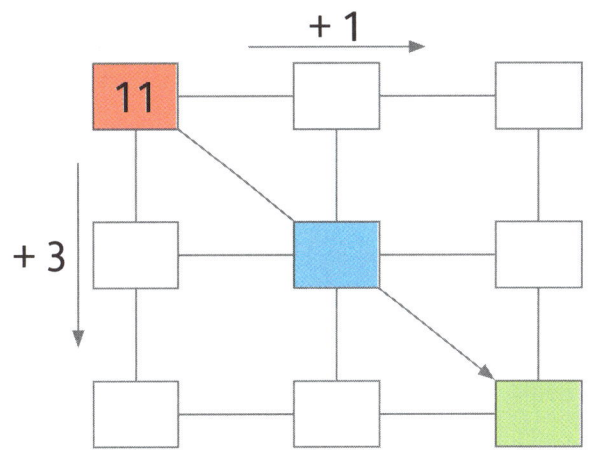

● Was fällt dir auf?

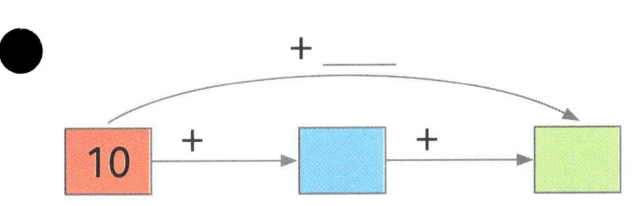

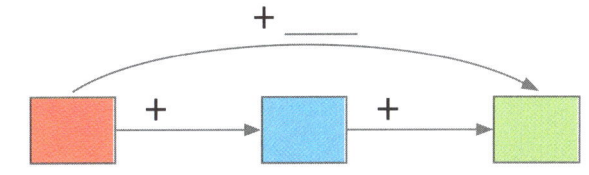

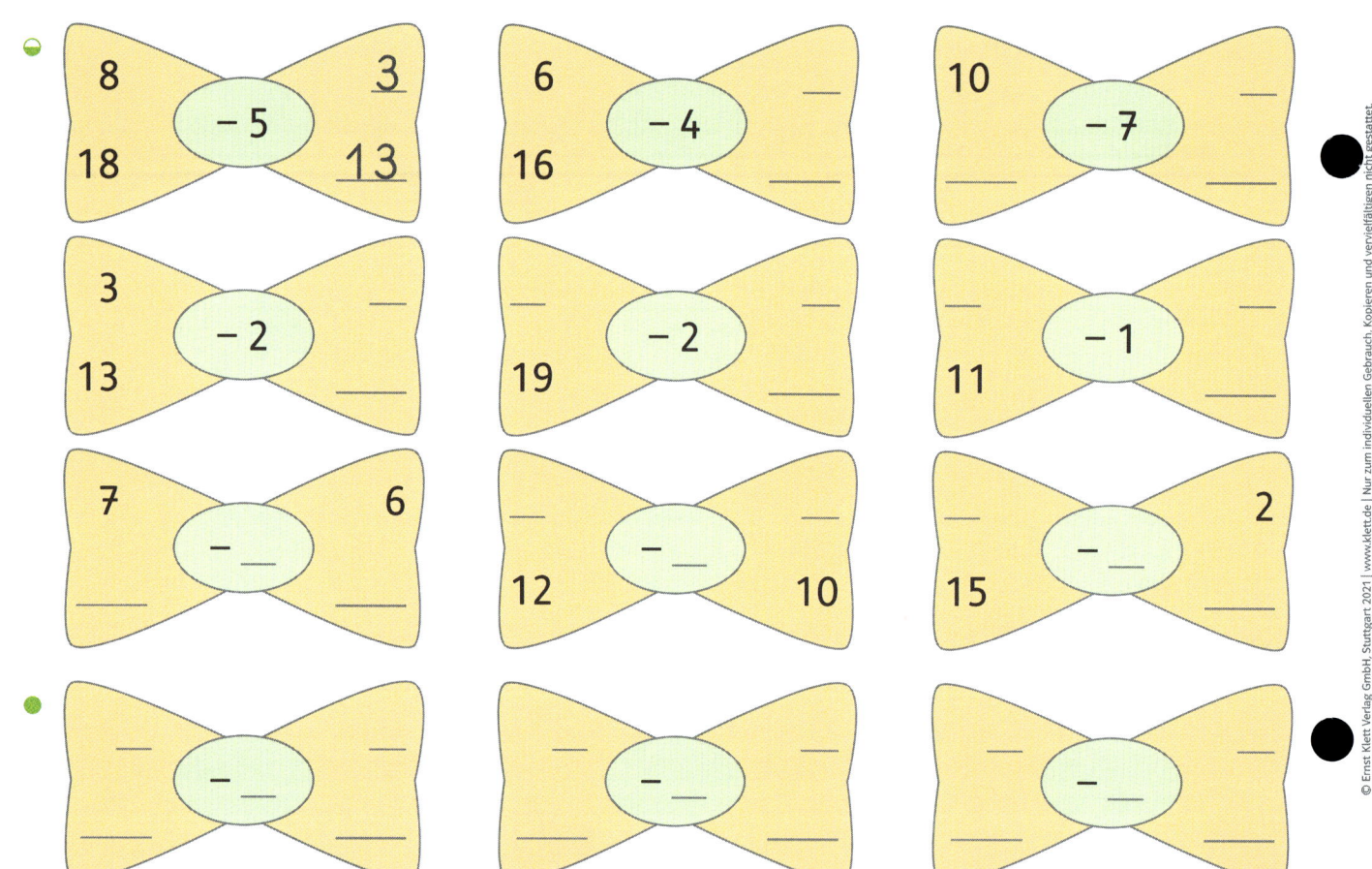

- Finde verschiedene Möglichkeiten.

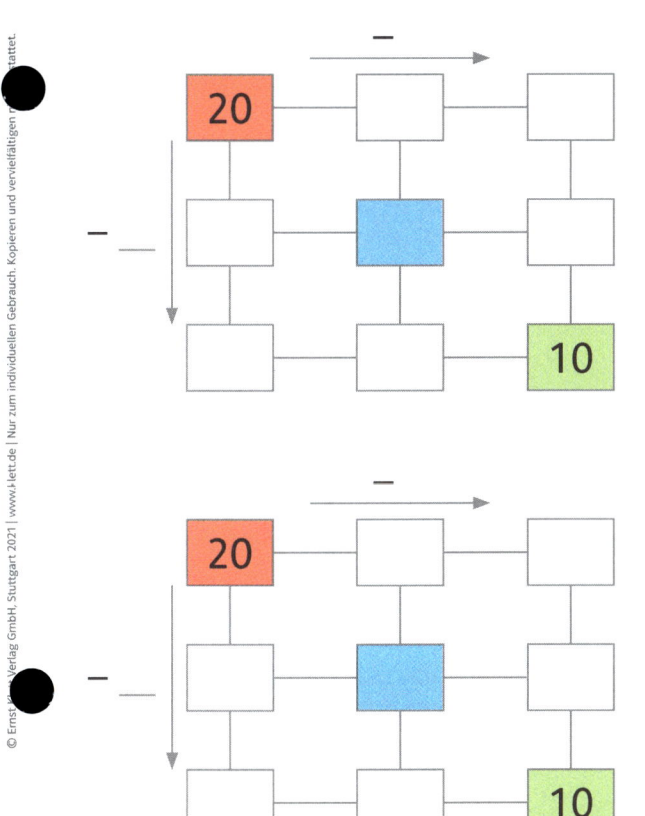

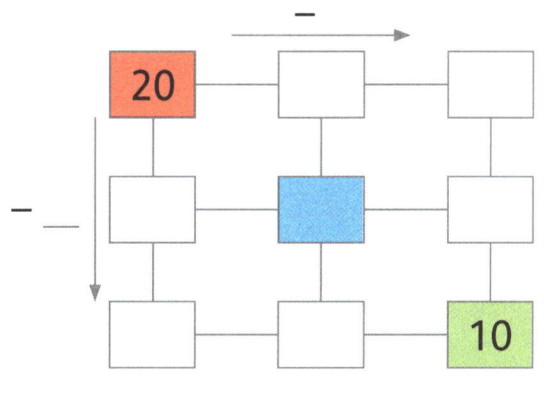

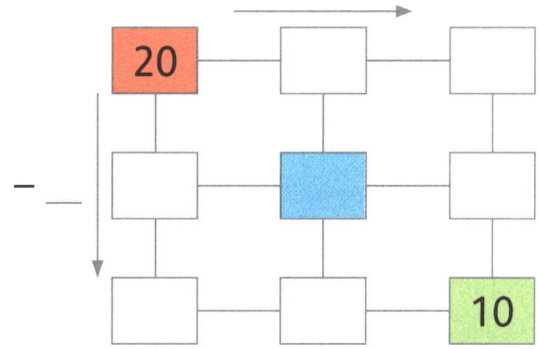

- Finde verschiedene Muster mit folgender Regel:

Die 1. Zahl bleibt gleich.

Die 2. Zahl immer − 1.

Die 3. Zahl immer − 2.

Was fällt dir beim Ergebnis auf?

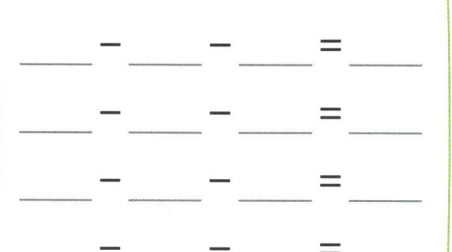

$$20 - \underline{\qquad} - \underline{\qquad} = \underline{\qquad}$$
$$\underline{\qquad} - \underline{\qquad} - \underline{\qquad} = \underline{\qquad}$$
$$\underline{\qquad} - \underline{\qquad} - \underline{\qquad} = \underline{\qquad}$$
$$\underline{\qquad} - \underline{\qquad} - \underline{\qquad} = \underline{\qquad}$$

Das Ergebnis: _____

$$\underline{\qquad} - \underline{\qquad} - \underline{\qquad} = \underline{\qquad}$$
$$\underline{\qquad} - \underline{\qquad} - \underline{\qquad} = \underline{\qquad}$$
$$\underline{\qquad} - \underline{\qquad} - \underline{\qquad} = \underline{\qquad}$$
$$\underline{\qquad} - \underline{\qquad} - \underline{\qquad} = \underline{\qquad}$$

Das Ergebnis: _____

Verdoppeln und halbieren

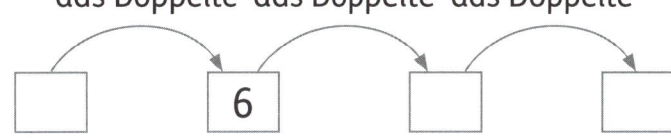

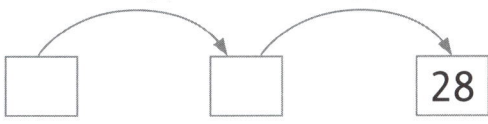

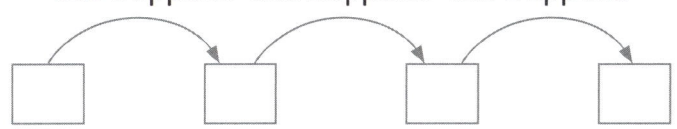

Verdopple. Wie weit kommst du?

1, 2, 4, _____

5, 10, _____

Kann man alle Zahlen verdoppeln? Probiere es aus.

- Welche Zahlen kannst du halbieren?

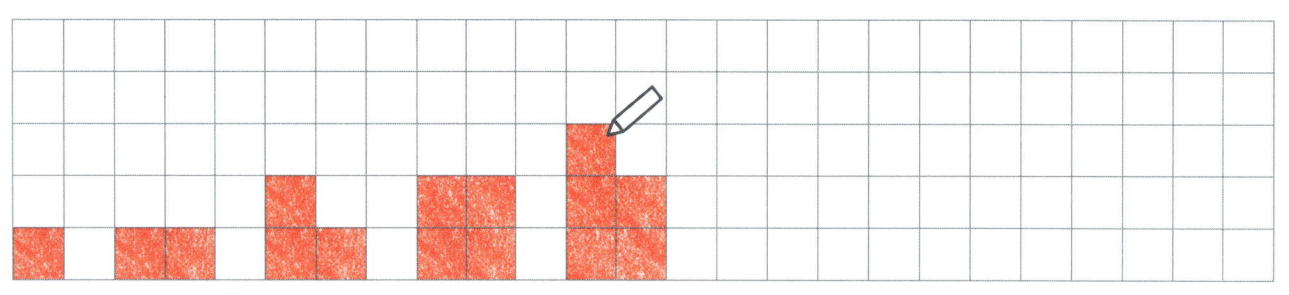

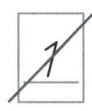 

- Finde weitere Zahlen, die man halbieren kann.

- Färbe die Hälfte der Figuren. Geht das immer?

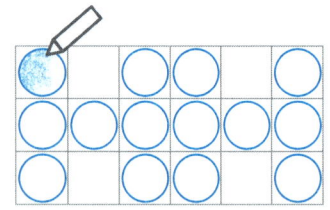 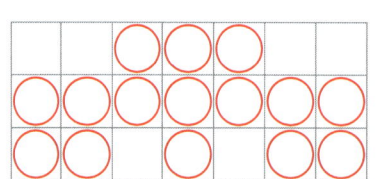 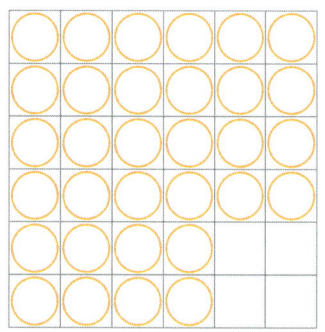

Lob-Stopp!

Orientierung im Zahlenraum bis 20

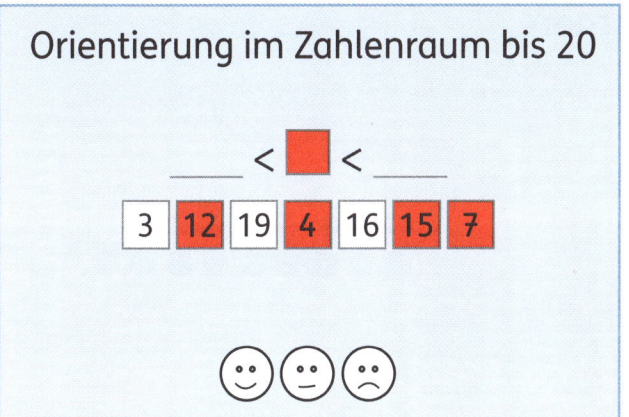

Plusaufgaben

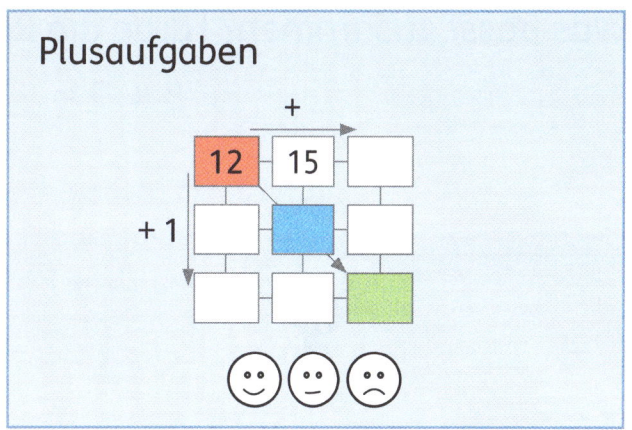

Minusaufgaben

Verdoppeln und halbieren
Färbe die Hälfte.

Spitze, _____!

● Was passt zusammen? Färbe die Rahmen.

$$8 + 9 = \underline{\qquad}$$

Zehnertrick

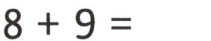

Ich rechne 8 + 10.
Das sind 18.
Dann ziehe ich 1 ab.

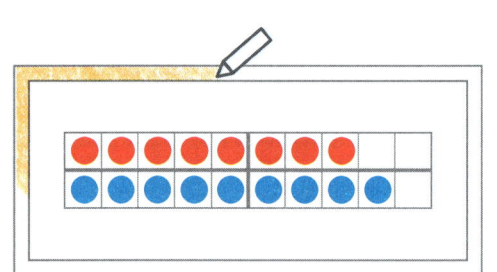

Zuerst bis zur 10

Ich rechne 8 + 8.
Das sind 16.
Dann rechne ich
noch 1 dazu.

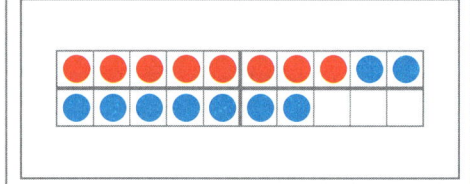

Verdoppeln

Ich rechne 8 + 2.
Dann habe ich 10.
Nun rechne ich 7 dazu.

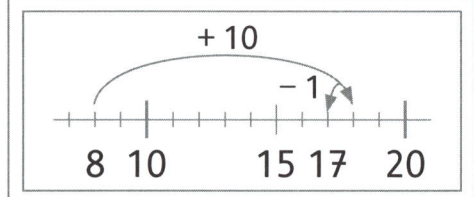

○ Wie rechnest du? Markiere und rechne.

Zuerst bis zur 10	Verdoppeln	Zehnertrick
$6 + 6 = 12$	$4 + 7 =$	$3 + 9 =$
$6 + 5 =$	$8 + 4 =$	$5 + 8 =$
$9 + 7 =$	$6 + 7 =$	$6 + 9 =$
$4 + 9 =$	$9 + 2 =$	$5 + 7 =$
$8 + 3 =$	$7 + 8 =$	$6 + 8 =$
$8 + 8 =$	$5 + 9 =$	$9 + 8 =$

• Markiere diesen Umriss ⬚ an 3 unterschiedlichen Stellen auf der 1 + 1 Tafel. Trage die Ergebnisse in die Felder ein.

Was fällt dir auf?

+	0	1	2	3	4	5	6	7	8	9	10
0											
1											
2											
3											
4											
5											
6											
7											
8											
9											
10											

_____

_____

_____

_____

• Was entdeckst du, wenn du diesen Umriss ⊞ wählst?

● Lege die Formen so auf die 1 + 1 Tafel, dass das Gesamtergebnis aller

verdeckten Felder 12 ergibt.

Klebe die Ausschnitte in dein Heft und trage die Zahlen ein.

+	0	1	2	3	4	5	6	7	8	9	10
0											
1											
2											
3											
4											
5											
6											
7											
8											
9											
10											

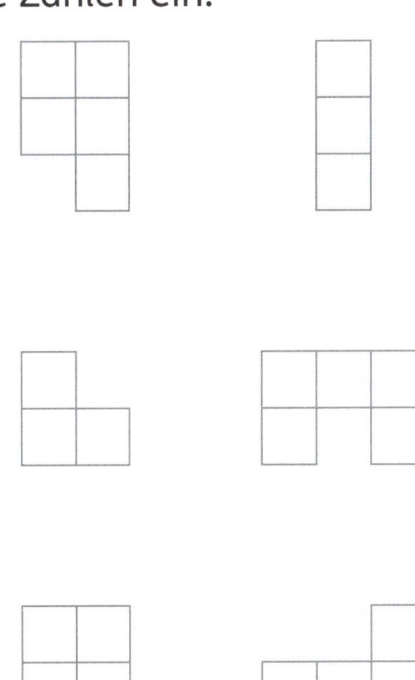

1 + 1 Tafel

Was passt zusammen? Färbe die Rahmen.

$$15 - 9 = \underline{}$$

Zehnertrick

Ich rechne
$9 + \underline{} = 15.$

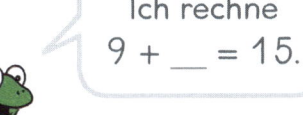
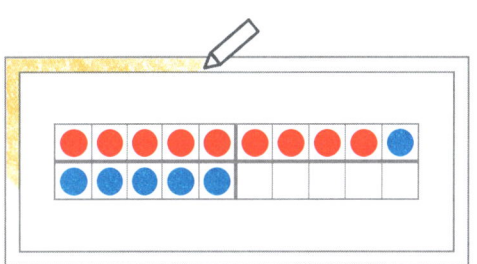

Zuerst bis zur 10

Ich rechne $15 - 10.$
Das sind 5.
Dann rechne ich
noch 1 dazu.

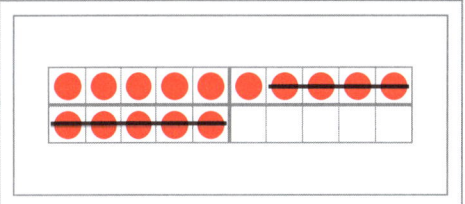

Ergänzen

Ich rechne $15 - 5.$
Das sind 10.
Dann ziehe ich
noch 4 ab.

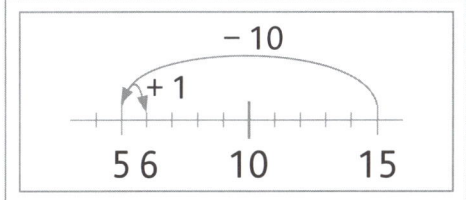

D01 📄 oder f424yb

● Wie rechnest du? Markiere und rechne.

Zurück bis zur 10	Ergänzen	Zehnertrick
$12 - 9 = 3$	$13 - 6 =$	$15 - 8 =$
$16 - 7 =$	$18 - 9 =$	$14 - 5 =$
$17 - 9 =$	$16 - 8 =$	$12 - 4 =$
$14 - 7 =$	$13 - 5 =$	$15 - 6 =$
$11 - 4 =$	$17 - 8 =$	$13 - 7 =$
$16 - 9 =$	$12 - 6 =$	$13 - 9 =$

1 – 1 Tafel

● Lege die Formen so auf die 1 – 1 Tafel, dass das Gesamtergebnis aller verdeckten Felder 18 ergibt.

Klebe die Ausschnitte in dein Heft und trage die Zahlen ein.

–	0	1	2	3	4	5	6	7	8	9	10
20											
19											
18											
17											
16											
15											
14											
13											
12											
11											
10											

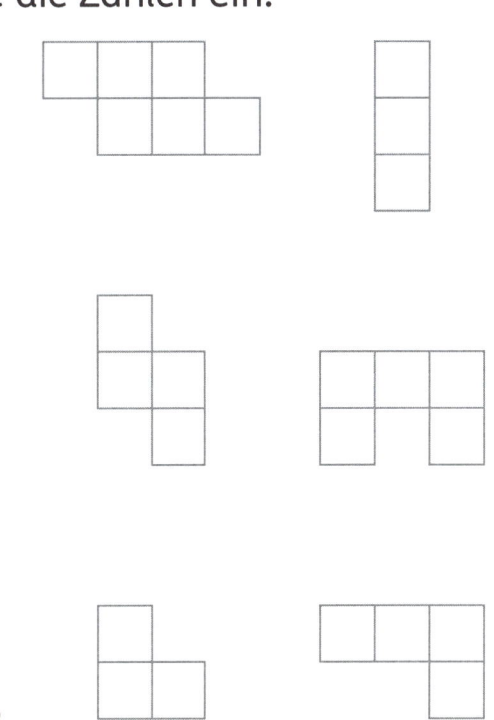

● Lässt sich die 1 – 1 Tafel fortsetzen? Prüfe und trage ein.

–	0	1	2	3	4	5	6	7	8	9	10
10											
9											
8											
7											
6											
5											
4											
3											
2											
1											
0											

● Berechne die Zahlenmauern.

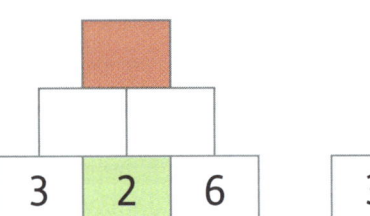 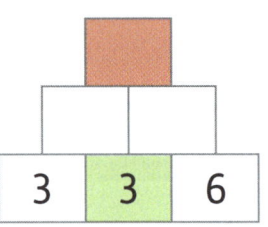 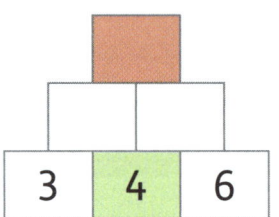 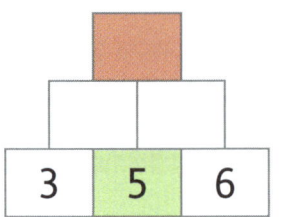

| 3 | 2 | 6 | | 3 | 3 | 6 | | 3 | 4 | 6 | | 3 | 5 | 6 |

Vergleiche die Grundsteine und Zielsteine. Was fällt dir auf?

Der grüne Grundstein _____ .

Die anderen Grundsteine _____ .

Der Zielstein _____ .

● Ist das immer so? Prüfe.

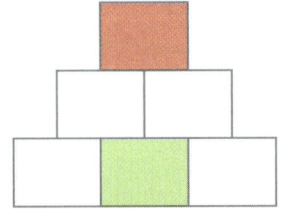 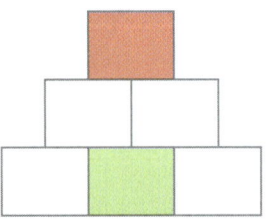 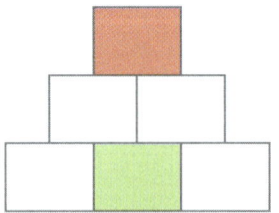 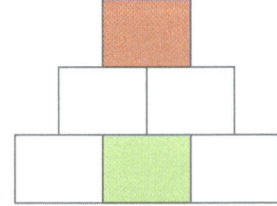

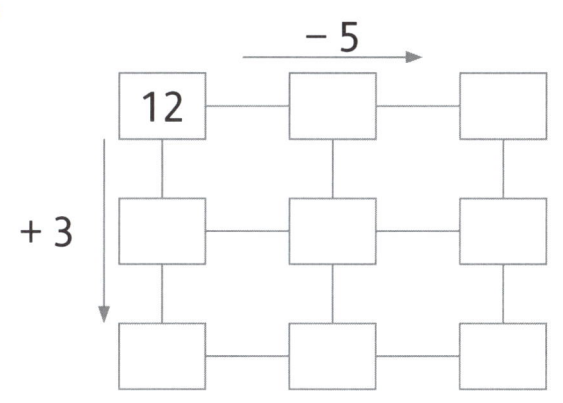

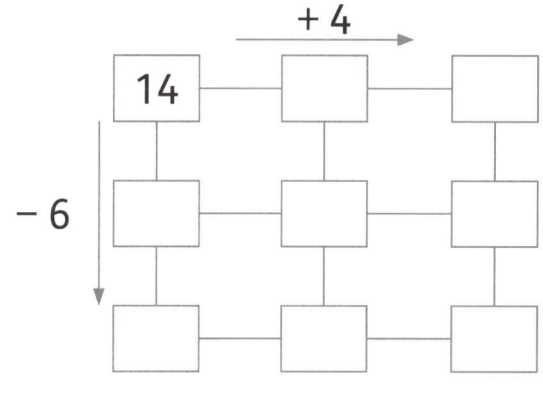

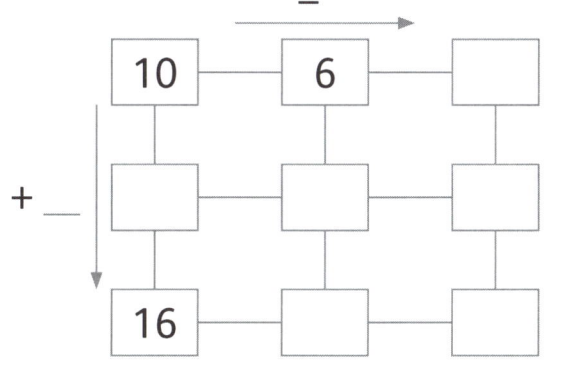

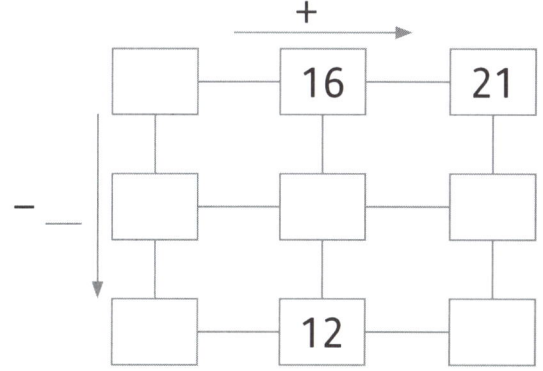

Ergänze die fehlenden Angaben.

	🏃⚽	🤸	🏊	⛸️	🤸‍♂️	
👧	5			10		
👦		2			4	

Doppelt so viele 👧 wie 👦 machen 🤸.

3 👦 mehr als 👧 spielen 🏃⚽.

12 Kinder schwimmen. Es sind gleich viele 👦 wie 👧.

Beim 🤸‍♂️ ist 1 👧 weniger als 👦.

Insgesamt fahren 18 Kinder ⛸️.

Frage 10 Kinder aus deiner Klasse nach ihren Hobbys.

Trage die Ergebnisse in eine Tabelle ein.

Sachrechnen

● Finde Fragen und schreibe die Antwort.

Frage: _____   Frage: _____

_____   _____

Antwort: _____   Antwort: _____

_____   _____

● Schreibe weitere Fragen und Antworten auf.

● Zeichne oder schreibe zu den Aufgaben.

$15 - 6 + 8 =$ ____ $19 - 6 - 11 =$ ____

● 2 Kühe haben 7 Beine. ☐ ja ☐ nein

Begründe.

Mehrere Hühner können zusammen 12 Beine haben. ☐ ja ☐ nein

Begründe.

Plus- und Minusaufgaben üben

- **<, > oder = ?**

  $15 + 2 \, \boxed{>} \, 4 + 12$ $18 - 4 \, \bigcirc \, 16 - 3$ $20 - 9 \, \bigcirc \, 8 + 3$

  $7 + 13 \, \bigcirc \, 18 + 2$ $12 - 9 \, \bigcirc \, 9 - 1$ $6 + 9 \, \bigcirc \, 17 - 5$

  $14 + 1 \, \bigcirc \, 5 + 11$ $13 - 5 \, \bigcirc \, 15 - 3$ $19 - 2 \, \bigcirc \, 8 + 10$

  $0 + 16 \, \bigcirc \, 13 + 6$ $11 - 7 \, \bigcirc \, 7 - 4$ $14 + 3 \, \bigcirc \, 20 - 3$

- **Finde Beispiele.**

  $13 + \underline{} < 19$ $20 - \underline{} < 16$ $7 + \underline{} < 20 - 5$

  $13 + \underline{} = 19$ $20 - \underline{} = 16$ $7 + \underline{} = 20 - 5$

  $13 + \underline{} > 19$ $20 - \underline{} > 16$ $7 + \underline{} > 20 - 5$

  $10 < \underline{} + \underline{}$ $15 < \underline{} - \underline{}$ $\underline{} < \underline{} - \underline{}$

  $10 = \underline{} + \underline{}$ $15 = \underline{} - \underline{}$ $\underline{} = \underline{} + \underline{}$

  $10 > \underline{} + \underline{}$ $15 > \underline{} - \underline{}$ $\underline{} > \underline{} - \underline{}$

Plus- und Minusaufgaben üben

● Markiere: Rechne geschickt.

4 + 15 − 4 0 + 15 = ___   11 − 3 + 9 _____ = ___

19 + 6 − 9 _____ = ___   16 + 6 − 8 _____ = ___

16 + 5 − 5 _____ = ___   12 − 6 + 3 _____ = ___

13 + 4 − 3 _____ = ___   12 − 8 − 2 _____ = ___

19 + 4 − 8 + 4   17 − 5 + 12 − 7

_____ = ___   _____ = ___

15 + 0 − 5 + 1   24 − 7 − 3 − 4

_____ = ___   _____ = ___

13 + 8 + 2 − 3      18 + 4 − 9 + 6

_____ = ___   _____ = ___

22 + 9 − 2 + 1   14 − 3 + 6 − 7

_____ = ___   _____ = ___

Plus- und Minusaufgaben üben

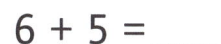 Rechne so schnell du kannst. Schaffst du ein Päckchen in 20 Sekunden?

6 + 5 = ____	18 − 9 = ____	15 + 2 = ____
9 + 4 = ____	14 − 7 = ____	17 − 4 = ____
8 + 6 = ____	13 − 5 = ____	4 + 13 = ____
4 + 7 = ____	19 − 12 = ____	16 − 8 = ____
9 + 9 = ____	15 − 11 = ____	2 + 15 = ____
____ Sekunden	____ Sekunden	____ Sekunden

6 + ____ = 14

8 + ____ = 15

20 − ____ = 4

16 − ____ = 9

____ Sekunden

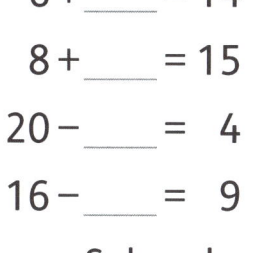

____ − 15 = 5

____ − 4 = 12

____ + 6 = 14

____ + 14 = 19

____ Sekunden

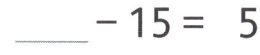

● Bilde Plusaufgaben aus 2 geraden Zahlen.

$2 + 2 =$

Das Ergebnis ist immer ☐ gerade ☐ ungerade.

Bilde Plusaufgaben aus 2 ungeraden Zahlen.

Das Ergebnis ist immer ☐ gerade ☐ ungerade.

Bilde Plusaufgaben aus einer geraden und einer ungeraden Zahl.

Das Ergebnis ist immer ☐ gerade ☐ ungerade.

Lob-Stopp!

Zehnerübergang: Plusaufgaben

Wie rechnest du?	
Zuerst bis zur 10 Verdoppeln Zehnertrick	7 + 8 = ___

☺ ☺ ☹

Zehnerübergang: Minusaufgaben

Wie rechnest du?	
Zurück bis zur 10 Ergänzen Zehnertrick	13 − 9 = ___

☺ ☺ ☹

Plus- und Minusaufgaben üben

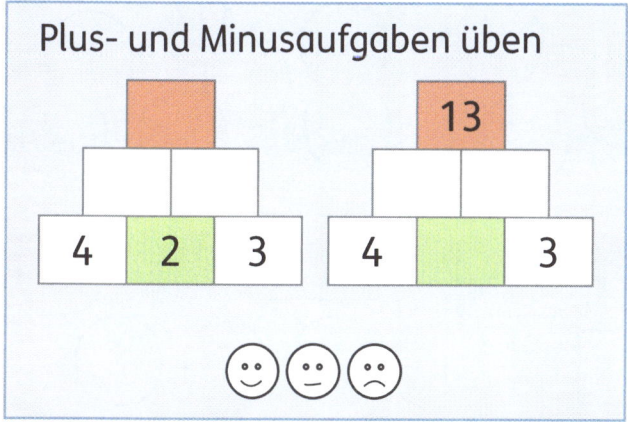

☺ ☺ ☹

Sachrechnen

 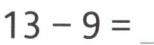 Bilde eine Frage und eine Antwort.

☺ ☺ ☹

Toll, _____ !

Euro

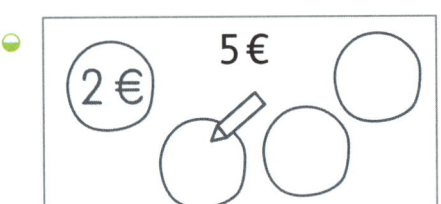

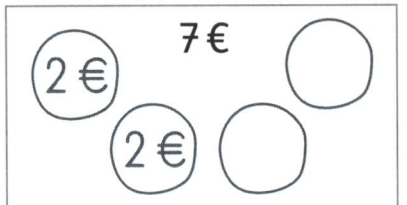

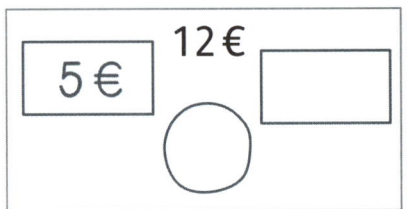

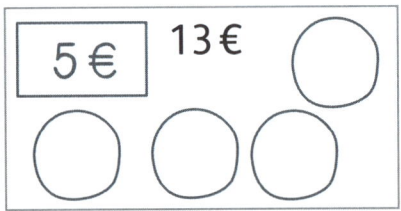

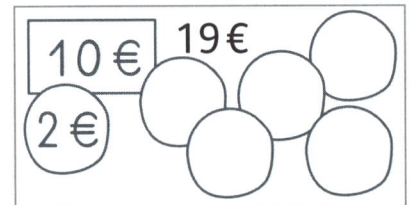

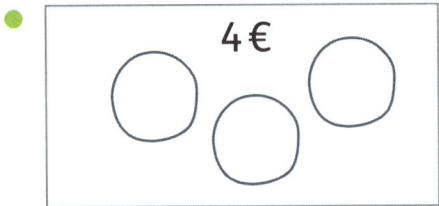

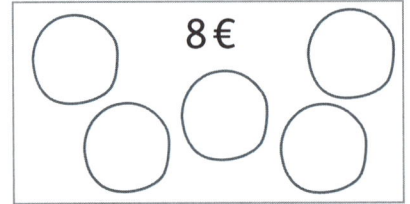

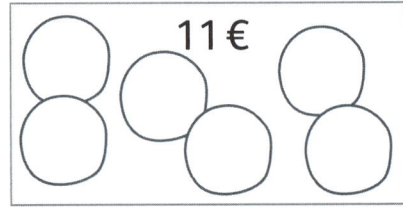

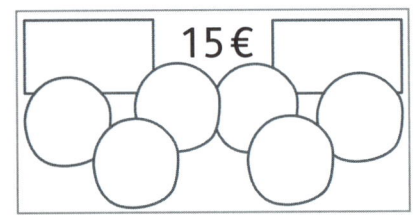

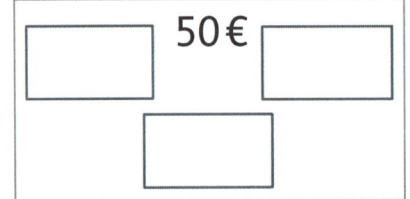

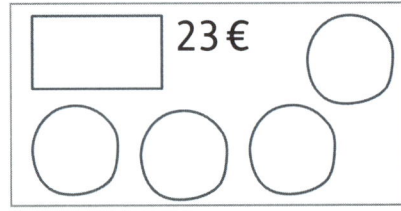

⬅ Themenheft Größen und Sachrechnen, S. 5 – 6

Rechnen mit Euro

● Was wünschst du dir zum Geburtstag? Zeichne und rechne.

Schaue in Prospekten, Geschäften oder im Internet nach den Preisen.

Das wünsche ich mir:

Das kostet alles zusammen: _____ €

Würde das Geld reichen? _____

Bekommst du Geld zurück? _____

🔍 Schreibe einen Einkaufszettel für einen Geburtstagskuchen.

Was kosten die Zutaten ungefähr?

Mini kauft 4 Teile.

Mini bezahlt 20 €.

Max kauft 5 Teile.

Max gibt 20 € und

erhält 2 € zurück.

Hanna zahlt 13 €.

Nele zahlt 14 €.

 _____ €

 _____ €

Cent

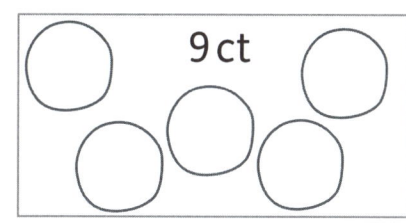

9 ct — 5 ct

9 ct

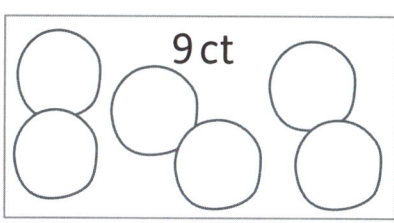

9 ct

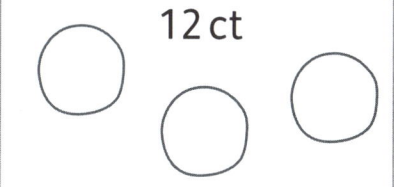

12 ct

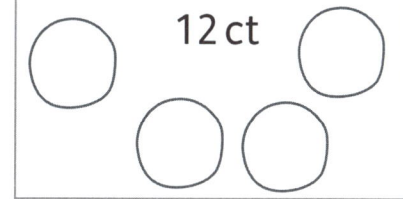

12 ct

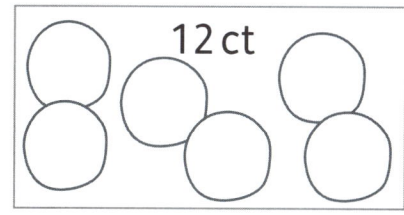

12 ct

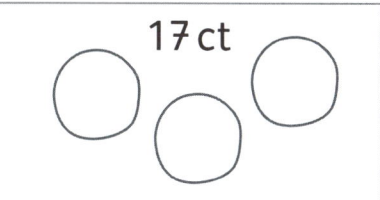

17 ct

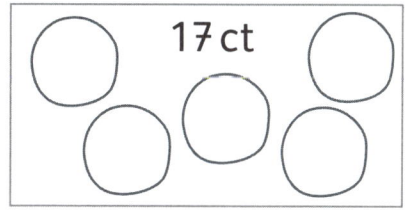

17 ct

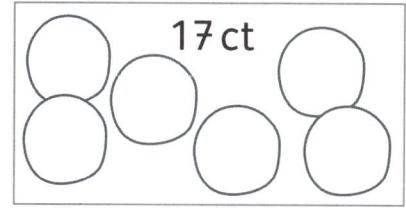

17 ct

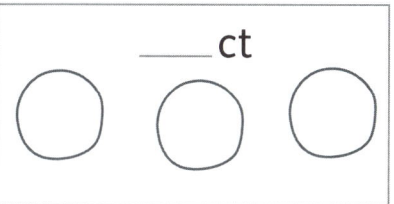

_____ ct

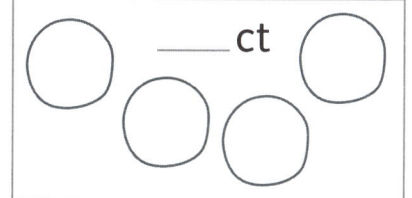

_____ ct

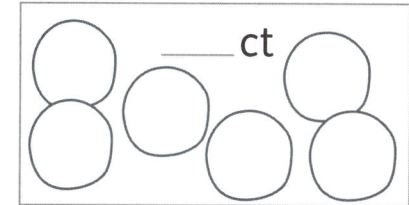

_____ ct

- Finde Aufgaben im Bild.

Die Uhr

● **Wie lange schläft Max?**

_____ Stunden

Wie lange tanzt Mini?

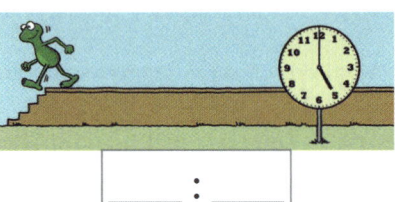

_____ : _____

_____ Stunden

_____ : _____

Wie lange _____ ?

_____ Stunden

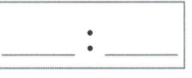

_____ : _____

↪ Themenheft Größen und Sachrechnen, S. 24

- Kann das stimmen?

Stell dir vor:	ja	nein
Heute ist Donnerstag. Dann ist übermorgen Samstag.	X	
Morgen ist Mittwoch. Dann ist in 4 Tagen Montag.		
Gestern war Sonntag. Dann war vor 3 Tagen Freitag.		
In 14 Tagen ist Freitag. Dann ist heute Samstag.		
Übermorgen ist Montag. Dann war gestern Donnerstag.		
Vorgestern war Samstag. In 3 Tagen ist Mittwoch.		
In 2 Tagen ist Dienstag. Dann war vor 4 Tagen Mittwoch.		
	X	
		X

Das Jahr

- Wer hat in welchem Monat Geburtstag?

März	April	Juni	August	Oktober
____	____	____	____	____

Toni hat nicht im Juni Geburtstag.

Pia hat im 8. Monat Geburtstag.

Anna hat entweder 2 Monate vor Pia oder 2 Monate nach Pia

Geburtstag.

Simon hat genau einen Monat später Geburtstag als Kerim.

- Wann hast du Geburtstag? Schreibe einen Hinweis auf.

_____

_____

- Schreibe Hinweise zu den Geburtstagen von 3 Personen auf.

● Wie viele Beine sind es?

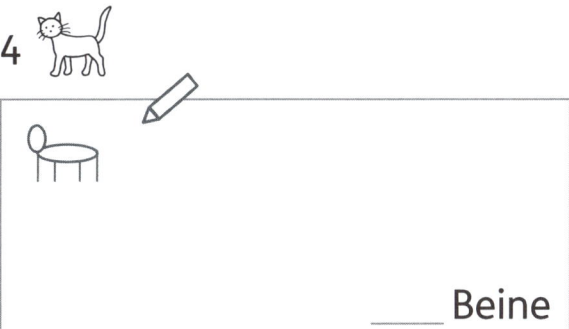

____ Beine

____ Beine

● Zeichne Tiere zu der Anzahl der Beine.

18 Beine

22 Beine

● 7 Tiere haben 24 Beine. Welche Tiere können das sein?

• Jeder Turm sieht anders aus.

Es gibt ■ ■ ■ ■ und ▲ ▲ .

Wie viele verschiedene Türme gibt es?

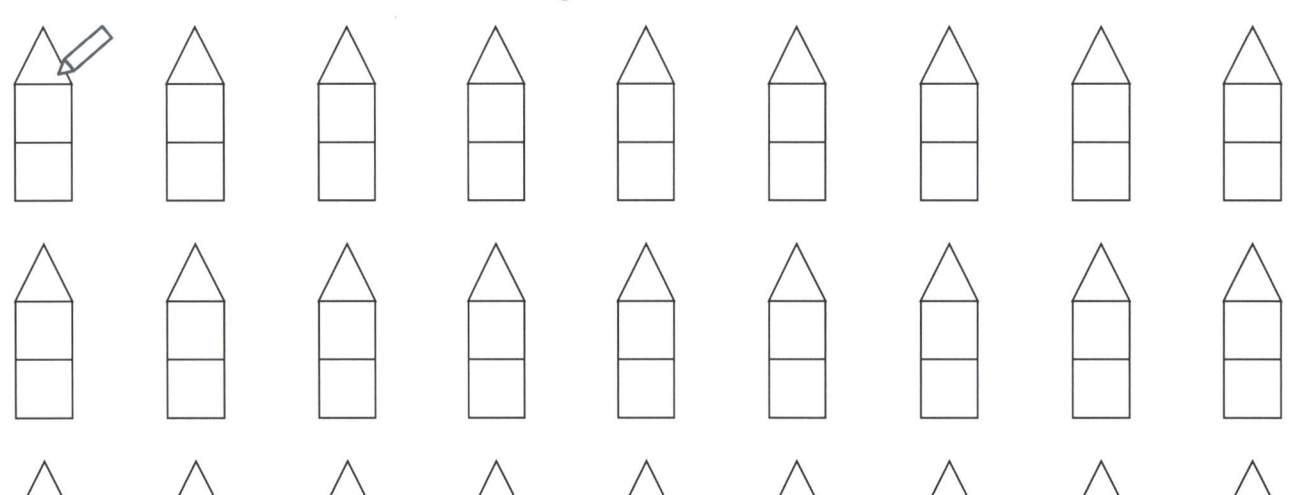

Es gibt ____ verschiedene Türme.

- Male so, dass der Satz jeweils stimmt.

Blau gewinnt sicher.

Gelb gewinnt unmöglich.

Es ist möglich, dass Gelb gewinnt.

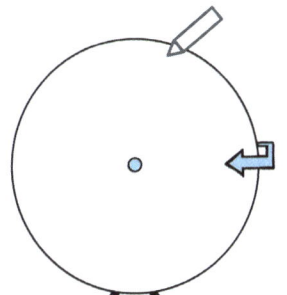
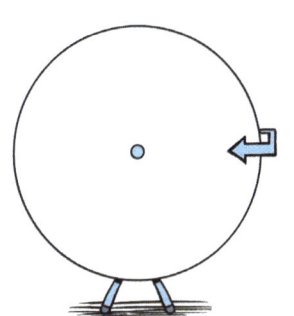
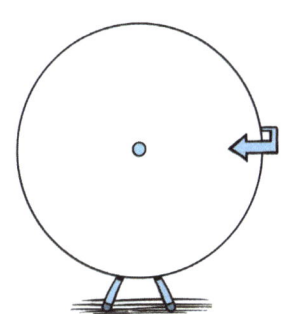

- Male so, dass alle Sätze stimmen.

Es ist unmöglich, dass Blau gewinnt.

Es ist möglich, dass Rot gewinnt.

Es ist möglich, dass Gelb gewinnt.

Rot hat die bessere Chance zu gewinnen

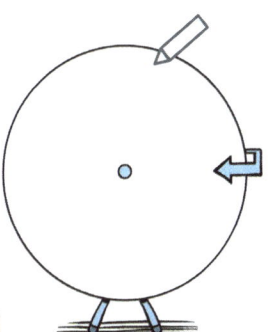

Lob-Stopp!

Euro und Cent

18 €

18 ct

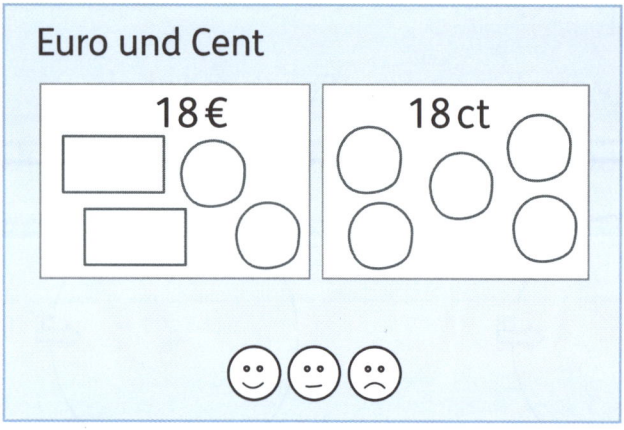

☺ ☺ ☹

Die Uhr

_____ Stunden

☺ ☺ ☹

Sachaufgaben lösen

Wie viele Beine haben 3  ?

_____

☺ ☺ ☹

Wahrscheinlichkeit

Es ist möglich,

dass Gelb

gewinnt.

☺ ☺ ☹

Prima, _____ !